北京语言大学国际汉语教学研究基地重点项目成果丛书

国际汉语教学
汉字教学方法与技巧

总 策 划：崔希亮　王路江
总 主 编：迟兰英
分册主编：苏英霞

INTERNATIONAL CHINESE TEACHING
Methods and Techniques for Teaching Chinese Characters

别红樱　黄柏林　王蕾　著

© 2015 北京语言大学出版社，社图号 15020

图书在版编目（CIP）数据

汉字教学方法与技巧 / 苏英霞主编 .－－北京：北京语言大学出版社，2015.6（2024.9重印）
ISBN 978-7-5619-4132-4

Ⅰ.①汉…　Ⅱ.①苏…　Ⅲ.①汉字－对外汉语教学－教学研究　Ⅳ.① H195.3

中国版本图书馆 CIP 数据核字（2015）第 078987 号

汉字教学方法与技巧
HANZI JIAOXUE FANGFA YU JIQIAO

排版制作：	北京创艺涵文化发展有限公司
责任印制：	邝　天

出版发行：	北京语言大学出版社	
社　　址：	北京市海淀区学院路 15 号，100083	
网　　址：	www.blcup.com	
电子信箱：	service@blcup.com	
电　　话：	编辑部	8610-82303647/3592/3395
	国内发行	8610-82303650/3591/3648
	海外发行	8610-82303365/3080/3668
	北语书店	8610-82303653
	网购咨询	8610-82303908
印　　刷：	北京鑫丰华彩印有限公司	
版　　次：	2015 年 6 月第 1 版　　印　次：2024 年 9 月第 8 次印刷	
开　　本：	787 毫米 × 1092 毫米　1/16　印　张：9.25	
字　　数：	156 千字	
定　　价：	42.00 元	

PRINTED IN CHINA

凡有印装质量问题，本社负责调换。售后QQ号1367565611，电话010-82303590

总　序

北京语言大学国际汉语教学研究基地是国家汉办首批建立的汉语国际教育十大研究基地之一，2009年4月3日正式揭牌成立。这个基地依托于北京语言大学汉语速成学院，整合了全校汉语国际教育资源，并与海内外专家学者合作，共同研究汉语国际教育的新方法和新理念，为孔子学院建设提供教学资源。基地建设的总目标是在总结既有经验的基础上，创新教学方法，解决"汉语难学"的瓶颈问题，为不同人群、不同层次、不同要求、不同目的学习者提供合用的教材和教学法，为海外孔子学院和孔子课堂提供相应的教学模式。基地建设的具体目标是完成"五个一"项目的建设，即一种教学模式、一套教材、一个教学资源包、一批种子教师、一个模拟国外实景教学实验中心。今年适逢北京语言大学建校50周年，研究基地的同事们完成了4部语言要素教学指导用书，3部语言技能教学指导用书，1部新教学法实验报告集和1部新汉语速成教学教材。现在这些研究成果即将付梓，为此我感到高兴。我相信这对于汉语国际教育的课堂教学来说是一种实在的贡献。

北京语言大学作为一所以对外汉语教学、汉语国际教育和推动"中华文化走出去"为主要任务的国际型大学，与海外11个国家的16所大学合作建设了16个孔子学院，教学规模不断扩大，教学方法不断改进，积累了许多宝贵的经验。这些宝贵的经验离不开北京语言大学50年的历史传承。学校自1962年独立建校以来已经为世界180多个国家和地区培养了13万多名懂汉语、了解中国社会和历史、熟悉中华文化的专门人才，个中甘苦不足为外人道也。2005年，我校汉语速成学院"对外汉语短期、速成、强化教学体系建设"荣获高等教育国家级教学成果二等奖，荣获北京市高等教育优秀教学成果一等奖。在几十年的教学实践中，我们创设的对外汉语短期、速成、强化教学体系可以为"汉语国际教育"搭建教学平台，为海外孔子学院提供标准化、规范化的教学模式，并针对不同地区、不同人群的特点、不同的教学内容和不同的教学需求提供多种教学实施方案。我校承担的国家汉办项目、孔子学院主体教学模式——"长城汉语"多媒体教学系统及整套教材，已在海外100多所孔子学院和国内40多所高校和教育机构推广使用。学校拥有多个与汉语国际教育相关的高水平研究机构，对外汉语研究中心是教育部人文社会科学重点研究基地，北京语言大学出版社及其汉语教材研发中心是中国唯一一家以研发并出版汉语第二语言教学所需的各类教材及理论著作为主的专业出版机构，目前已经出版发行教材和教学工具书3500多种。在这样的背景下，研究汉语国际教育的教学模式、教学法和教材具有得天独厚的优势。

即将与读者见面的4部语言要素教学指导用书内容涵盖了语音教学、词汇教学、语法教学和汉字教学四个方面，3部语言技能教学指导用书涵盖了综合技能教学、读写技能教学和听说技能教学三个方面。这些教学指导用书的背后是新的教学理念和教学法。即将面世的新汉语速成教材《我和你》旨在体现全球化背景下的人际交流与互动。编写组充分调研并直接针对汉语国际教育的特殊需求与特定要求，深入挖掘海外汉语教育的个性化特征以及海外孔子学院的教学特点与教材需求。一部好的教材必须经受时间的检验。教师是否喜欢、学生是否喜欢是评价一部教材是否成功的客观标准。但愿这部教材能够经受时间的考验，在使用中不断完善修订。

汉语国际教学有许多值得研究的课题，而汉语国际教学研究基地的任务是相当明确的。目前，汉语国际教学资源包的建设还没有完成，海外调研的工作任务还很艰巨。希望研究基地的各位同人再接再厉，以优异的成绩迎接汉语国际教育的明天。

崔希亮
2012年12月

前言

汉语教学难点的讨论，几乎无一例外地会提到汉字。不管是从事汉语教学的教师还是汉语学习者，都认为汉字是外国人学习汉语的一大障碍，甚至有不少外国人因为"惧怕"汉字而放弃学习汉语。但是汉字作为记录汉语的符号系统，是客观存在的，学习汉语自然绕不开汉字。初级阶段或可以拼音形式呈现词句，到了中高级阶段，由于汉语中存在大量同音词，只看拼音会给正确理解词句意义造成很大障碍，更何况除了汉语教材和一些针对特定对象的读物以外，中文读物都是用汉字写成的，不学汉字就等于是"文盲"。根据多年与来华留学生的接触，我们发现，虽然有一部分汉语学习者只想练习听、说，明确表示不想学习汉字，但是大部分人还是不愿当"文盲"的。他们对汉字学习往往抱有既期待又惧怕的心理。作为汉语教师，我们的任务是消除学生对汉字的"恐惧感"，使他们的期待得以顺利实现。这是一个艰巨的任务，也是一代又一代学者和一线教师们一直在努力研究的课题。这本书就是我们在前人研究的基础上，结合相关教学理论和自身的教学体会写成的，希望能对攻克汉字教学难关、提高汉字教学效率尽绵薄之力。

本书的内容主要包括汉字基本知识介绍与汉字教学方法两部分，分为六章：

第1章"汉字知识简介"对汉字的历史、特点等进行了较为全面的介绍，旨在帮助教师，特别是非中文专业出身的教师加强相关知识储备，提高专业素养。

第2章"汉字教学概述"探讨了汉语作为第二语言教学的主要理念和教学模式。汉字教学的难点之一是写与说难以同步进行。本章对"语文并进"和"先语后文"两种模式进行了对比，并在此基础上提出了汉字教学的基本原则。

第3章"目的语与非目的语环境下的汉字教学"介绍了不同环境下汉字教学的内容、方式等方面存在的差异，并提出了个性化的解决思路。

第4章"汉字教学的基本思路与教学方法"中把汉字教学分为"汉字识记"与"汉字书写"两大部分，首先对教学基本思路和教学原则进行了概括，突出了"先语后文""语文分开"理念的具体体现。并在总结汉字教学经验的基础上，提出了"汉字教学十五法"，结合教学案例，对每一种方法都进行了详尽的分析。

第5章"汉字课堂教学环节"主要介绍的是综合课上的汉字教学环节。我们知道，在国内外不同教学机构，汉字教学情况不尽相同。有的学校或机构有专设的汉字课,有的地方则由综合课承担汉字教学的任务,有的地方甚至不在课堂上教授汉字,汉字书写练习由学生课下自行完成。关于具体的汉字教学环节与步骤的设计,教师们还需要根据自己任教机构的特点和教学要求来确定。

第6章"初级阶段汉字书写错误分析与对策"中我们对初级阶段常常出现的错字进行了分析,并针对不同的错误类型提出了有针对性的解决对策,希望教师能够通过对不同教学对象、不同错误类型的了解,采用有效的教学方法。

本书既适合未来有志于从事汉语国际教育的人士学习和了解汉字教学的相关知识与基本教法,也可以作为正在从事汉语教学工作的教师的教学参考书。由于不同环境下的汉字教学有各自的特殊性,本书中呈现的许多方法未必适用于所有的教学对象。此外,由于我们对汉字教学的认识与研究水平有限,书中疏漏谬误在所难免,敬希海内外同人批评指正。

编　者

2014年9月30日

目 录

第1章 汉字知识简介 ································· 1

    第1节 语言系统与文字系统 ························· 2
        一、语言系统 ································· 2
        二、文字系统 ································· 2
        三、语言与文字的关系 ························· 3

    第2节 汉字与汉语 ······························· 4
        一、汉字的历史与现状 ························· 4
        二、汉字的性质 ······························· 9
        三、汉字与汉语的关系 ························· 9

    第3节 汉字的特点 ······························· 11
        一、汉字是形音义的统一体 ····················· 11
        二、汉字具有一定的超时空性 ··················· 11
        三、汉字数量繁多，结构复杂 ··················· 12
        四、用汉字进行国际文化交流比较复杂 ··········· 12

    第4节 汉字的构造 ······························· 13
        一、《说文解字》与"六书说" ··················· 13
        二、汉字的结构 ······························· 16

    第5节 汉字的简化与规范化 ······················· 22
        一、汉字的简化 ······························· 22
        二、汉字的规范化 ····························· 24
        三、常用汉语字典、字表及检字法 ··············· 27

第2章 汉字教学概述 ································· 31

    第1节 汉字教学的重要性 ························· 32
        一、语言学习的需要 ··························· 32
        二、过好"汉字关"是学好汉语的基础 ··········· 32

第 2 节　对外汉语汉字教学理念与教学模式简介 ················ 32
　　　　一、语文并进 ················ 32
　　　　二、先语后文 ················ 33
　　　　三、"词本位""字本位"与"词·语素·汉字"教学法 ······ 34

第 3 节　汉字教学的基本原则 ················ 37

第 3 章　目的语与非目的语环境下的汉字教学 ················ 41

第 1 节　不同环境下汉字教学存在差异 ················ 42

第 2 节　不同环境下汉字教学的地位 ················ 42
　　　　一、目的语环境下汉字教学的地位 ················ 42
　　　　二、非目的语环境下汉字教学的地位 ················ 44

第 3 节　不同环境下学习者的差异 ················ 45
　　　　一、目的语环境下的汉语学习者汉字学习情况 ············ 45
　　　　二、非目的语环境下的汉语学习者汉字学习情况 ·········· 46

第 4 节　不同环境下汉字教学材料 ················ 48
　　　　一、目的语环境下的汉字教学材料 ················ 49
　　　　二、非目的语环境下的汉字教学材料 ················ 49

第 5 节　目的语环境下汉字教学方法与学习策略 ················ 51
　　　　一、目的语环境下汉字教学方法与学习策略 ·············· 51
　　　　二、字理分析法 ················ 51
　　　　三、目的语环境下汉字学习策略问题 ················ 52

第 6 节　非目的语环境下的汉字教学建议 ················ 53
　　　　一、教学指导思想 ················ 53
　　　　二、针对不同对象的汉字教学方案 ················ 54

第 7 节　小结 ················ 57

第4章 汉字教学的基本思路与教学方法 …… 59

第1节 汉字识记教学 …… 60
一、汉字识记教学的基本原则 …… 60
二、汉字识记教学的基本思路 …… 62

第2节 汉字书写教学 …… 65
一、汉字书写教学的基本原则 …… 66
二、汉字书写教学的基本思路 …… 67

第3节 汉字教学十五法 …… 71
一、辨析法 …… 71
二、系联法 …… 76
三、归类法 …… 83
四、拆合法 …… 88
五、以旧带新法 …… 93
六、发散识记法 …… 95
七、数笔画法 …… 97
八、联网记汉字 …… 98
九、填空法 …… 98
十、听写法 …… 98
十一、改错法 …… 99
十二、临摹法 …… 99
十三、回忆默写法 …… 100
十四、字族文识字法 …… 100
十五、猜字谜法 …… 101

第5章 汉字课堂教学环节 …… 103

第1节 汉字课作为专项技能课的教学 …… 104
一、复习环节 …… 104
二、汉字基础知识介绍环节 …… 105
三、汉字基础知识练习环节 …… 106

　　　　　　四、综合练习环节 106

　　第 2 节　初级汉语综合课上的汉字教学 107
　　　　　　一、初级汉语综合课上的汉字教学环节与教学方式 107
　　　　　　二、综合课（精读课）汉字教学案例分析 109

　　第 3 节　汉字教学中应注意的问题 111
　　　　　　一、教师方面 111
　　　　　　二、教学法方面 112

第 6 章　初级阶段汉字书写错误分析与对策 115

　　第 1 节　汉字书写的常见错误类型 116
　　　　　　一、混淆 116
　　　　　　二、残缺和误添加 119
　　　　　　三、错位 120
　　　　　　四、形态错误 121
　　　　　　五、笔画组合方式错误 121

　　第 2 节　针对不同类型错误的解决对策 122
　　　　　　一、混淆型错误的解决对策 122
　　　　　　二、残缺和误添加型错误的解决对策 123
　　　　　　三、错位型错误的解决对策 123
　　　　　　四、形态错误的解决对策 124
　　　　　　五、笔画组合方式错误的解决对策 124

参考文献 125

附　　录 129

　　附录 1　汉字练习与测试样题 130

　　附录 2　汉字教学参考书目 136

汉字知识简介

第1章

第 ① 节 语言系统与文字系统

一、语言系统

语言是一种特殊的社会现象,是人类思维的工具,是人类最重要的交际工具。它是一套符号系统。这套符号系统包括语音、词汇和语法三个子系统。

二、文字系统

文字从本质上看也是一种符号。它是记录语言的书写符号,是用来辅助语言完成交际任务的。这是文字的主要功能。文字作为语言的载体,使语言书面化,使语言由听觉信息转化为视觉信息,突破了时空的局限,扩大了交际领域。

根据文字符号本身形式(外形)的不同,文字可分为四类:图画文字、图符文字、字符文字和字母文字。

(一)图画文字

图画文字来自原始图画,是一些有较复杂意义的图形及记号的组合。它被用来交际,传达人的思想、意愿,进行感情交流。它记录的是语言中的语段,是一句或几句话。

下面是引自裘锡圭《文字学概要》的纳西族象形文字:

"ᚾ"表示人拿蛋,"ᅲ"本是"解开"的表意字,在纳西语里当"解开"讲和当"白"讲的两个词同音(类似于汉语的同音词"姓、性"),所以这里假借它来表示"白"。"●"是黑的表意字。"≋"是风,"○"

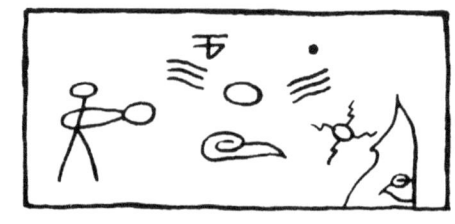

是蛋,"〰"是湖,"🐛"表示蛋破发光。最右边是"山崖"的形声字(纳西语当"山崖"讲和当"鸡"讲的那两个词同音,所以在山崖的象形符号上加画一个鸡头作为音符)。这段图画文字的全部意思是:"把这蛋抛在湖里头,左边吹白风,右边吹黑风,风荡漾着湖水,湖水漾荡着蛋,蛋撞在山崖上,便生出一个光华灿烂的东西来。"(裘锡圭《文字学概要》第7页)

(二)图符文字

图符文字是一种图画和符号合用的文字。埃及的象形文字和中国的甲骨文、金文里的象形文字都是比较有代表性的图符文字。如:甲骨文中的Ψ(牛)、Ψ(羊)。这些图符,是图画文字向符号文字转化过程中的过渡文字,具有图画和符号的双重性。

(三)字符文字

字符文字是图符文字进一步符号化的结果。图画文字是用图画来记录一段话,图符文字是以图形和记号来记录词或语素。它们都是由曲线构成的。曲线文字进一步符号化,就是字符文字。在字符文字中,一个文字符号的组合,主要靠点和线。这些点和线组合成方块形(如汉字、西夏文、契丹文、女真文等)、楔形(楔形文字,又称"钉头文字",如古代苏美尔语、巴比伦语和亚述语所用的文字)、蚯蚓形或鸡肠形(如古印度巴利文、缅文和泰文等)。它们常用几千个字符记录语言的词、语素及音节。

(四)字母文字

字母文字符号数量少,结构进一步简化,成为纯粹符号化的文字。它们按符号之间最简单的拼写规则书写语言中的词语,如希腊文字、拉丁文字和斯拉夫文字等。

三、语言与文字的关系

语言是一种符号系统,文字是记录这种符号系统的符号系统。文字的作用在于记录和传播语言,使语言克服空间和时间的局限,流传异地,流传久远。

文字是在语言的基础上产生的。没有语言就没有文字。超语言的文字是不存在的。

语言不能直接表达事物,必须以思想为中介;而文字不能直接表达思想,必须以语言为中介。正如唐代学者、经学家孔颖达所说:"言者意之声,书者言之记。"(《尚书·疏序》)事物是客观存在的,人们认识事物,必须首先通过大脑去感知、去思考,然后才能用语言表达出来;语言是思想的产物,而不是事物的反映,即语言不能直接表达事物。文字记录下来的是语言,它是通过记录语言来表达思想的,文字不能直接表达思想。这一点,我们可以通过一些语言实例得到验证:

1. 不同的语言,可用同样的文字符号记录。如越南语、韩国语、日语三种语言,都曾经或正在用汉字记录。德国有一种 Yiddish("意第绪语"或称"依地语")方言,很多犹太人说这种方言,这种方言没有文字,因为犹太人原来用希伯来文字,所以也用希伯来字母书写这种与希伯来语完全不相干的德国方言,又因为很多德国犹太人移居到美国,所以你在纽约的地铁和公共汽车上能够看见好多人拿着希伯来文报纸,念出来的却全是德国话,要是你学过德文,几乎都能听得懂,可是看不懂。这就是文字借用现象。

2. 同一语言,可以用不同的文字来记录。如越南、朝鲜、韩国原来使用汉字记录他们的语言,现在他们都改用了拼音文字;日语这一种语言,就同时使用平假名、片假名、汉字和罗马字四种书写系统;土耳其语原来使用阿拉伯文字,现在改用了罗马字母。

第 ② 节　汉字与汉语

一、汉字的历史与现状

(一)汉字的历史

1. 汉字起源

(1)文字的四大发源地

黄河流域——汉字;尼罗河流域——埃及象形文字;两河流域(幼发拉底

河、底格里斯河）——楔形文字；尤卡坦半岛——玛雅文字。

这四个地区都是人类文明的发源地，都曾有着发达的生产力和繁荣的经济。

（2）汉字的创造者

谁最早创造了汉字？历史上有很多传说，其中"仓颉造字说"最为流行。《淮南子·本经训》："昔者仓颉作书，而天雨粟，鬼夜哭。"

2. 汉字形体的演变

现代汉字形体的演变经历了几个阶段。汉字在历史上出现过甲骨文、金文、篆书、隶书、楷书等五种正式字体，还有草书、行书等辅助字体。

（1）甲骨文

甲骨文指的是殷商时代刻写在龟甲和兽骨上的汉字，距今有三千年以上的历史，又称为"殷墟文字""卜辞""殷契"。甲骨文于十九世纪末年在殷商都城遗址——今河南安阳小屯被发现，是目前为止所发现的最早的汉字样品。总共十余万片有字甲骨中，含有五千多个不同的文字图形，其中已经识别的约有两千多字（具体能识别多少，还无定论）。甲骨文中形声字约占27%，可见甲骨文已是相当成熟的文字系统。

（2）金文

金文主要指考古发掘出的商周时期刻铸在青铜器上的文字，又称为"钟鼎文"。

金文的主要特点是：笔画丰满粗肥，外形比甲骨文方正、匀称，异体字也较多。

（3）篆书

篆书有大篆和小篆之分。大篆又称为"籀文"，是通行于春秋战国时代（前770—前221）秦国的一种书体。广义的大篆也包括六国文字在内。大篆的代表字样为公元前770年（秦襄公八年）刻在石鼓上面的"石鼓文"。大篆的主要特点是：字形比金文整齐，笔画均匀，仍有少量异体字。

小篆一般指的是秦始皇（前259—前210）统一六国后，本着"书同文"的思想强制推行的一种规范字体，和大篆并称"秦篆"，以"泰山刻石"为代表字样。

中国第一部字典《说文解字》就是以小篆为规范正字进行字形解析的。

小篆以毛笔为书写工具，具有圆转流畅的书体风格。其主要特点是：字形更匀称、整齐，笔画圆转、简化，基本废除了异体字。

（4）隶书

①隶变

隶变是汉字由篆书演变为隶书的过程。字形变圆形为方形，线条变弧线为直线，笔画变繁杂为简省。隶变是古今汉字的分水岭，是汉字发展史上最重要的变革之一，它使汉字慢慢成为由点画组成的方块字。隶变的主要特点是抽象符号化，篆书最后一点象形的痕迹被逐渐磨去了。隶变把象形文字需要的圆弧线条变成很规律的点画，字形由圆形变成了扁方。

②秦隶和汉隶

隶书又分为秦隶和汉隶。秦隶是产生于秦代（前221—前206）的隶书。主要特点：它把小篆圆转弧形的笔画变成方折平直的笔画，基本摆脱了古文字象形的特点。

汉隶是在秦隶的基础上演变来的，是汉代（前206—220）通行的字体。主要特点：字形规整，撇、捺、长横有波折，很少再有篆书的痕迹。

（5）楷书

楷书是由隶书经过长期发展演变而成的。因其形体方正可做楷模而名为"楷书"。它产生于汉末，盛行于魏晋，是汉魏时期在隶书基础上产生的一种规范书体，一直沿用至今。楷书又称为"真书""正书""正楷"。因为采用毛笔为书写工具，所以，在"横平竖直"的基础上，改变了隶书的笔画波折，形成了独特的书体。

楷书的主要特点：笔形平直，没有波折；笔势伸展、大方；字形变扁方为方正，大小均匀工整。

楷书确立了汉字形体规范，两千年来几乎没有什么改变。

（二）汉字的现状

1. 现行汉字的形体

（1）楷书和行书

国家正式发布的文件和一般的报刊、书籍，都是用楷书。

行书是楷书的辅助性字体，在日常书写中一般都采用行书。行书在楷书的基础上产生，是介于楷书和草书之间的一种字体。它是为了弥补楷书的书写速度太慢和草书的难以辨认而产生的。"行"是"行走"的意思，因此它不像草书那样潦草，也不像楷书那样端正。实质上它是楷书的草化或草书的楷化。楷法多于草法的叫"行楷"，草法多于楷法的叫"行草"。

（2）印刷体和手写体

①印刷体

A. 印刷体的变体

a. 宋体

笔画横细竖粗，结构方正严谨，是最通用的印刷体。又叫老宋体、古宋体、灯笼体。

b. 仿宋体

笔画不分粗细，结构方正秀丽，讲究顿笔。又叫真宋体。

c. 楷体

近于手写楷书。又叫大宋体。

d. 黑体

笔画等粗，浓黑醒目，一般表示着重时用，常用来排标题。又叫黑头字、方头字、方体字。

几种常见的汉字字体举例：

宋　体：现代汉语

仿宋体：现代汉语

楷　体：现代汉语

黑　体：**现代汉语**

隶　书：现代汉语

行　书：现代汉语

B. 印刷体的字号

印刷体按字体大小的不同，分成不同的字号。常用的字号从大到小有初号、小初号、一号、二号、三号、四号、小四号、五号、小五号、六号、七号等。举例如下：

现代汉语（1号）

现代汉语（2号）

现代汉语（3号）

现代汉语（4号）

现代汉语（5号）

现代汉语（6号）

现代汉语（7号）

②手写体

现行汉字的手写体，指的是用手执笔直接写成的汉字。

手写体根据所用书写工具的不同，可以分为软笔字和硬笔字两类。前者指的是传统的毛笔字，后者指的是用钢笔、铅笔、圆珠笔等书写的汉字。

2. 汉字的数量

汉字数量多，这是公认的事实。但是汉字究竟有多少？根据黄伯荣、廖序东《现代汉语（上）》（2002年）的统计并参考其他有关资料，我们可以对历代编写的字书所收汉字的数目有一个大致了解。

东汉（25—220）许慎《说文解字》收字9353个（小篆）；

南朝梁（502—557）顾野王《玉篇》收字22726个；

北宋（960—1127）陈彭年等《广韵》收字26194个；

明朝（1368—1644）梅膺祚《字汇》收字33179个；

清朝（1644—1911）张玉书等《康熙字典》收字47035字；

1915年陆费逵等《中华大字典》收字48000多；

1990年徐中舒等《汉语大字典》收字54678个；

中国社会科学院语言研究所编，商务印书馆出版的《新华字典》（1957年第一版，2004年第十版）收字10000多个；

中国社会科学院语言研究所词典编辑室编，商务印书馆出版的《现代汉语词典》（1960年试印，1965年试用，1978年第一版，2005年第五版）收字11000多个。

另外，中国还有几本传统的启蒙课本：

《千字文》，据传由南朝梁周兴嗣编，收常用字1000个；

《百家姓》，作者不详，据传成书于北宋初年，收姓氏用字500多个；

《三字经》，据传由王应麟编，成书于元朝（1271—1368）初年，收常用字1248个；

《文字蒙求》，清朝王筠（1784—1854）编，收常用字2044个；

1988年，国家语言文字工作委员会和原国家教育委员会（今教育部）发布《现代汉语常用字表》，其中常用字2500个，次常用字1000个。

二、汉字的性质

下面从汉字和汉语的关系角度说明汉字的性质。

从汉字的起源来看，汉字可以被称为表意文字，这也是汉字的本质特征。就现有资料，汉字的起源是甲骨文，甲骨文都是象形符号，象形符号基本上都是一个符号一个图形，一个图形表示一个意思。

从汉字记录汉语的情况来看，汉字可以被称为语素文字。前边提到过，这是汉字本身发展的一个结果，由一字记录一词到一字记录一个语素，如"人"（一个语素，一个词）、"民"（一个语素，非词）、"人民"（合成词，两个语素）、"共和国"（合成词，三个语素）。当然，有少部分例外，比如几个汉字记录一个语素，主要分两类：一类是汉语固有的连绵词，如"参差""仿佛"（双声联绵词，两个音节声母相同），"徘徊""窈窕"（叠韵连绵词，两个音节韵母相同）；另一类是一些音译外来词，如"沙发"（两个汉字记录一个语素）、"巧克力"（三个汉字记录一个语素）、"奥林匹克"（四个汉字记录一个语素）、"布尔什维克"（五个汉字记录一个语素）、"英特纳雄耐尔"（六个汉字记录一个语素）……这些词看似数量不少，但是在整个汉语词汇系统中，所占比例并不大。

从汉字的现状来看，汉字可以被称为意音文字。现代汉字中，形声字约占90%（苏培成，2001）。形声字中，形旁表意，声旁表音。具体分析见本章第4节"汉字的构造"。

三、汉字与汉语的关系

（一）汉字与汉语的特点相适应

1. 汉语语素以单音节为主要形式，一个语素用一个音节表示，虽然一个音节不是固定地表示某个语素，还有许多同音语素，但语素的单音节形式却是客观存在的事实。汉字也是记录音节的，一个字独立地表示一个音节，也正好记录一个语素，与汉语语素的特点相适应。例如，汉字记录的语素"天、吃、好、民（主）、（儿）子"，都是一个汉字记录一个语素，也就是一个音节。

2. 由于汉字与语素基本上对应，而不固定地与某个音节挂钩，所以正好适应了汉语方言分歧的特点，使得汉字具有了超方言的特性，用文字记录的东西，不同方言区的人都能看懂。例如，"国家、皇帝、官府"这些词，虽然各方言区发音不同，但是它们所表达的意义在各方言区里是一样的。

3. 汉语音节数量远比语素的数量少，用不同形体的汉字记录可以有效地区分同音词。汉语普通话的 21 个声母和 35 个韵母一共可以组合成 1000 多个带声调的音节，用这有限的音节去记录成千上万个语素显然有局限性。而用《现代汉语通用字表》（国家语委、新闻出版署，1988 年）中规定的 7000 个通用字来记录的话，就可以很自然地将同音词区别开来，如"形势—形式—刑事"。

（二）汉字与汉语关系的特别之处

1. 尽管每一个汉字都有一个明确的读音，但从字形上一般不能判定一个字的具体读音，有些字可以通过声旁确定音类或大致的读音，如"怔、征、症、整、证、政、惩"。一个字中可以确定大致读音的部分通常被称为声旁，如"正"就是上述这些字的声旁。

2. 汉字往往可以通过字形确定义类，如"桃、梨、梅、杨、柳"因为字形中都有一个"木"而可以断定这些字和树木有关。字形中可以确定义类的部分被称为形旁。但是，由于汉字形体的演变，有些形旁的表义功能已经不明显了。例如，"颁""颗"都从"页"，与现在的意义没有关系。但在古代，"页"的意思是"头"，"颁"是"大头"，"颗"是"小头"，如果不研究古义，是很难理解这些形旁与所构成汉字的关系的。

3. 拼音文字是按照字母的拼写阅读，用字母拼写起来的字的读音原则上要和语素或词的实际读音一致，拼音文字原则上要求一个字母一个读音，所以由字母拼写成的字的读音和语言中语素或词的实际读音距离比较近，如果实际语言中的语音变了，拼音字母和拼写规则也要跟着变。汉字在这方面有所不同，汉字的字形和汉语的读音不是直接联系的，所以尽管读音变化了，字形可以不变。例如，形声字"江"中的"工"，古代和现代发音不同，但是字形没有发生变化。

第 ③ 节　汉字的特点

一、汉字是形音义的统一体

　　汉字承载语言信息之后，它就是形音义的统一体了。拼音文字的字母只有形和音，汉字的单字不但有形和音，而且还有义，这是汉字的特点。"衣、医、依"虽然都读 yī，但是意义不同。"衣"是衣服的衣，"医"是医生的医，"依"是依靠的依，一目了然。如果写成汉语拼音 yī，就不知道是什么意思。因为汉字具有表意性，它的形体可以负载较多的文化因素，这也是和拼音文字不同的。也正是由于汉字是形音义的统一体，没有专门的记音符号，而给非汉字文化圈学生的学习带来了很大的困难。据统计，《现代汉语通用字表》5631 个形声结构的字中包含了 1325 个不同的音符（声旁）。在汉字中，记录同一音节的音符往往不止一个。如：记录同一个 yi 音节，至少有"义（议）、夷（姨）、台（怡）、多（移）、贵（遗）、疑（嶷）"等音符。外国学生不理解为什么同一个音节要用这么多不同的音符去记录它，他们也很难记清哪一个 yi 音节应该用"义"来记录，哪一个 yi 音节又应该用"夷"来记录。因此，对外国学生来说，上述音符中的大多数将成为不起表音作用的记号。

二、汉字具有一定的超时空性

　　汉字的形体虽然同时与音、义两方面发生联系，但这两种联系不是等同的。汉字与语义的联系稳定、持久，但与语音的联系就不那么固定。不少汉字古今音不同，在各方言中读音也不一样。例如，古代的入声字"一"和"不"，在现代汉语普通话里分别变成了阴平和去声。正因为字形与语义的联系牢固持久，所以我们今天读古书没有太大的理解困难，也就是说汉字可以沟通古今与四方，在一定程度上突破了时空限制。

现代的英美人看六百多年前的英国著名诗人乔叟（Geoffrey Chaucer，1340？—1400）的诗就已经比较困难，有点像外国诗，而中国汉族人读两千多年前的《论语》和《孟子》却比较容易。"学而时习之，不亦说乎？""叟，不远千里而来，亦将有以利吾国乎？"稍加指点就容易读懂。这是因为汉语语素意义的变化比语音慢，即字义的变化比字音的变化慢。这就是汉字的超时空性。

三、汉字数量繁多，结构复杂

一种语言的语素有几千个以至上万个，因此语素文字的字数也要有几千个以至上万个。如果再加上异体和古体，就会更多。现代汉语的通用字就达7000字，总笔画数是75290笔，平均每字的笔画数是10.75笔，其中9—11笔的字最多，共2272字，占总字数的33%。《汉语水平词汇与汉字等级大纲》所收甲级字"赢"，17笔，由5个部件构成；乙级字"警"，19笔，由5个部件构成；丙级字"躁"，20笔，由6个部件构成；丁级字"囊"，22笔，由6个部件构成。这些字形对于习惯了 a b c d 这类简易符号的外国学生（特别是欧美学生）来说确实像一幅幅不易描摹的图形。表音文字的字母一般只有几十个，比汉字的数量少得多。从形体说，文字都是由不同的线条构成的，汉字的线条成为笔画，笔画再组合为部件。现代汉字的笔画和部件的种类都比较多，汉字基础部件就有560个；笔画的组合方式和部件的组合方式都很多，这就使得汉字的结构十分复杂，比表音文字要复杂得多。数量繁多，结构复杂，使汉字的学习和使用都比较困难。

四、用汉字进行国际文化交流比较复杂

当今世界，经济和科技的发展非常迅速，各国的交往日益频繁，语言文字是重要的交际工具。拉丁字母是世界性的字母，世界上有一百多个国家使用它，同是使用拉丁字母的国家之间进行文字交流十分方便。科技术语可以转写，人名地名也可以转写。斯拉夫字母、阿拉伯字母、希腊字母等和拉丁字母进行转换也不困难。而汉字和拼音字母不同，让汉字进入拼音文字十分困难，只能借助汉语拼音。例如，把"上海"写作 Shanghai，把"毛泽东"写作 Mao Zedong。同样，要让字母文字中的科技术语和人名、地名进入汉字也很困难，要靠翻译。有时意

译，有时音译，非常复杂。例如，science 写作"科学"是意译，写作"赛因斯"是音译。internet 写作"互联网"是意译，写作"因特网"是音译加意译。这么复杂对国际文化交流是不利的。

世界上的万事万物都是有利有弊，汉字也不例外，既有优点又有缺点。上面说的汉字四个特点，前两个是优点，后两个是缺点。我们要充分发扬汉字的优点，同时要想办法弥补汉字的缺点，使汉字符合时代发展的需要。

第 ④ 节　汉字的构造

一、《说文解字》与"六书说"

（一）许慎与《说文解字》

许慎（约58—约147）是东汉（25—220）著名的经学家、文字学家，他于公元100年（东汉和帝永元十一年）著《说文解字》（以下简称《说文》）。《说文》是中国语言学史上第一部分析字形、说解字义、辨识声读的字典，也是中国第一部按部首编排的字典。原作现已失落，传至今日的大多是宋朝版本，或者是清朝的段玉裁注释本。原文以小篆书写，逐字解释字体来源。全书共分540部首，收字9353个，另有"重文"即异体字1163个，共10516字。

（二）"六书"说

"六书"是中国文字学史上的名词。汉代学者把汉字的构成和使用方式归纳成六种类型，总称"六书"。过去的文字学家在讲汉字构造时，一般都遵循"六书"的说法，研究汉字学不能不了解"六书"。

早在"六书"理论出现以前，分析汉字的结构在春秋时代就已经开始了。许慎在《说文解字》中对"六书"进行了系统的阐述和总结。许慎第一次为"六书"下了定义，从此这些定义便成为人们学习和认识"六书"的主要依据。

"六书"的具体名称是：象形、指事、会意、形声、假借和转注。

"六书"又分为"四体二用"。"四体"包括象形、指事、会意和形声，是四种不同的造字方法；"二用"包括假借和转注，只是汉字的两种不同的使用方法，而不是造字方法。

1. 象形

象形字是描写客观事物形象的字，按照具体事物的形状，画成和它相似的图形来表达语意。这种造字方法叫作象形法。

例如：☽ ⛰ ☁ ▱ 龜（月 山 云 目 龟）

再分类举一些例子：

人体类：𠂉 手 足 耳 女 心（人 手 足 耳 女 心）；

自然类：☉ ☽ ⛰ 川 雨 泉（日 月 山 川 雨 泉）；

动物类：羊 牛 马 鱼 鸟 虎（羊 牛 马 鱼 鸟 虎）；

植物类：禾 栗 来 黍（禾 栗 来 黍）；

器物类：舟 车 戈 斤 门 弓（舟 车 戈 斤 门 弓）。

2. 指事

指事是用象征性符号或在象形字上加提示符号来表示意义的造字法，用指事法造出的字是指事字。

指事字分两种：一种是由纯象征性符号构成的，例如"一、二、三、四、上、下"等，这类指事字很少；另一类是在象形字的基础上增加提示性符号构成的，如：

曰（甘）：在口内加一点，表示口中含有甘美的食物；

亦（亦）：用两个点指出腋下位置；

母（母）：用两个点指示乳房，表示成年女性为人母者。

3. 会意

会意是组合两个或两个以上的表意符号以表示新义的造字法，简单地说就是用两个或两个以上的独体字根据意义之间的关系合成一个字，例如"武、休、明、涉、安、宝"。会意字一般是由两个或两个以上的表意符号组成的复合字形。这是它在结构上与象形字、指事字相区别之处。

"会意"在形体上为合体字；字义为合二字（或三、四字）的意义而成。例如，"武"字，甲骨文作戉，上"戈"下"止"，表示人拿着武器在走，本义为征伐或显示武力。许慎解释为"止戈为武"，已经是引申义（古人对战争的最高境界是"化干戈为玉帛"）。

4. 形声

（1）形声字

形声由表示意义类属的形旁和表示读音的声旁组成，用这种造字法造的字叫形声字。形声字基本上由两个部分组成，其中一个作为代表意义的符号，称为形旁（或称形符），一个作为代表声音的符号，称为声旁。

从结构上看，形旁和声旁的组合部位主要有下面六种方式：

①左形右声：河　晴　财　购　优　征
②右形左声：都　切　致　胡　战　剃
③上形下声：空　芳　宇　爸　翠　箱
④下形上声：勇　盛　基　袋　盒　照
⑤外形内声：阁　固　匣　囿　赴　廷
⑥内形外声：闻　问　辩　辨　赢　羸

（2）形旁和声旁的局限性

①形旁的局限性

A. 由于社会的发展和客观事物的变化，有些形旁的意义现在已经不太好理解。例如，"简、篇"从"竹"，"简"的本义是"竹简"，用竹子制成的一片片竹板，是古代的书写材料；"篇"的本义为"文章"，古代把文章内容写在竹简上，然后一片片连在一起就是"篇"，后来文章有首有尾就称为"一篇"。

B. 字义的演变，假借的存在，也导致形旁不好理解。例如，"颁、颗"从"页"，"页"的本义是"头"。"颁"的本义是"大头"，引申义为"斑白"，假借义为"颁发"；"颗"的本义是"小头"，引申义为"小的颗粒状物"。

C. 由于字形的变化，有的形旁现在已经不好辨认，或位置变得很特殊。辨（小篆辨），从刀，辡（biǎn）声；恭（小篆恭），从心，共声。其中的"刀"和"心"现在都已经变了形。

②声旁的局限性

A. 由于古今语音的演变等原因，大约有四分之三的形声字，声旁和整个字的读音不完全相同。例如以"寿"为声旁的字：筹—畴—踌—帱—涛—焘。

B. 有的声旁不容易分辨出来。在（小篆在）：从土，才声。

C. 有些声旁现在不单用，一般人已经不知道它们的读音了。例如，"宅、温、滴、谬"。宅，从宀（mián），乇（zhé）声；温，从水，昷（wēn）声；滴，从水，啇（dí）声；谬，从言，翏（liù）声。

5. 假借

假借简单说就是同音替代。口语里的词语，没有相应的文字对应，于是就找一个和它发音相同的字来表示其含义。例如"自"本来是"鼻"的象形字，后来借作"自己"的"自"。

6. 转注

《说文解字》作者许慎为"转注"所下的定义为："转注者，建类一首，同意相受。考老是也。"其含意不够明确，加上许慎在《说文解字》中所分析的全部小篆的形体结构中，除了"考、老"这两个例字以外，没有另外的一个字明确指出属于转注，因此转注是怎么回事，后人的理解众说纷纭，莫衷一是。转注就其性质而言，属于学术史研究范围，而相关的论述过于专业，我们这里不做详细介绍。

二、汉字的结构

汉字的结构分为笔画、部件、整字三个层次，在进行汉字教学时，我们可以从笔画、笔顺、部件、间架结构四个方面进行教学。

（一）笔画系统

1. 笔画的定义

在书写汉字的时候，从落笔到提笔，叫作"一笔"或"一画"，一笔写出来的形状，就是笔画。

笔画是构成汉字字形的基本成分，除了"一、乙"等少数几个字以外，汉字是由多笔画构成的。

汉字的笔画是历史形成的，古文字没有笔画的概念。篆书笔形圆转、浑然一体，很难分出落笔和起笔的位置。从隶书开始逐渐形成了平直的笔画，但有些字或偏旁究竟写成几笔，并没有定规，例如"口"。直到楷书逐渐形成了著名的"永字八法"，才确定了汉字的笔画系统。

2. 笔画的分类

1988年国家语委和新闻出版署公布《现代汉语通用字表》，规定了五种基本笔画，即：横（一）、竖（丨）、撇（丿）、点（丶）、折（乛）。其中单一笔画有四种：横（一）、竖（丨）、撇（丿）、点（丶）；复合笔画有一种：乛（折）。横包括横（一）和提（㇀）；点包括点（丶）和捺（㇏）；折笔按照所包含的笔形又可以分为横、竖、撇、点、折、提、弯、勾等八类 25 种[1]（详见本页"5.笔画变体"）。

3. 笔顺

书写时的笔画先后叫笔顺。基本笔顺有先横后竖、先撇后捺、从左到右、从上到下、从中到旁等几种。

先横后竖：十　丰　平　干　车

先撇后捺：八　人　尺　木　火

从左到右：洲　做　树　他　湖

从上到下：三　言　豆　意　多

从中到旁：小　办　水　永　亦

先横后撇：厂　石　左　万　在

从外到内：月　风　间　用　同

从里到边[2]：建　连　凶　幽　断

从外到内后封口：困　因　日　田　回　团　国　耳　且

特殊写法：也　必　凹　凸

4. 笔画的连接方式

笔画和笔画之间有以下三种连接方式：

相离：二　三　川　小

相交：十　九　丈

相接：人　刀　上　久　厂　几　口　已

5. 笔画变体

五种基本笔画各有许多变体。

| 横 | 平横：工　平　天　干 |
| | 提横：拉　场　理　地 |

| 竖 | 短竖：师　临　坚　归 |
| | 长竖：干　丰　中　车 |

撇	卧撇：千　舌　兼　乔
	竖撇：月　川　头　周
	长撇：刀　无　勿　为
	短撇：面　白　舟　北

---

[1] 可参见盛玉麟《现代汉语网络课程》第三章第四节，高等教育音像出版社，2003。
[2] 例外：爬、题、匙、越、赶、起、超、毡、毯。

点	短点：商 母 兴 鬯	左点：办 刃 心 必
	长点：双 头	平捺：之 延 这 走
	挑点：河 求 冷 凉	斜捺；又 义 个 人

折	横勾：饮 买 家	卧勾：心 必
	横折：口 团	竖提：长 旅
	横折提：讨 论	竖折：母 函
	横折撇：水 夕	竖弯：四
	横折撇弯勾：陈 降	竖勾：小 打
	横折折撇：建 延	竖折折：鼎 肅
	横折折折：凸	竖折折撇：专
	横折折折勾：乃	竖折折勾：考 马
	横折勾：刀 乜	竖弯勾：已 也
	横折弯：朵 铅	撇折：么
	横折弯勾：九 匹	撇点：女 巡
	横折斜勾：飞 凤	斜勾：曳 我
	弯勾：豕 狄	

（二）部件系统

1. 部件、偏旁和部首

（1）部件

汉字从结构上分析，可以分为独体字和合体字。独体字是一个整体，如"人、手、口、刀、牛、羊、木、水、山"，不能再进行拆分，它们是汉字的基本字。合体字由两个或者两个以上的部分组成，如"相、怀、记、名、森、树"。组成合体字的结构单位叫作部件（木、目、不、己、夕、口、又、寸、忄、氵）。部件是由笔画组成的具有组配汉字功能的构字单位，一般大于笔画小于整字。有的部件就是一个独体字，有的不能单独成字。要学好汉字，必须掌握常用部件和它们的名称。

（2）偏旁

偏旁是传统汉字学分析合体字时使用的一个概念。汉字有独体字和合体字之分。过去称合体字的左部为"偏"，右部为"旁"。现在习惯上把合体字的左、右、上、下、内、外各个部位的构成成分都称为偏旁。偏旁不是合体字的最小笔画单位。

（3）部首

部首是汉字检索即查字典时使用的一个概念。它是汉语字典辞书中属于同一形体偏旁的部目。凡是含有同一形体偏旁的字都隶属其下，成为一部，并把这个共同含有的同一形体偏旁放在开头，作为一部之首，叫作部首。我国历史上第一部字典、东汉许慎的《说文解字》首创了部首的概念，用来编排汉字的顺序。部首只是汉字检索方面使用的一个概念，不是用来分析汉字构成成分的概念。

（4）部件、偏旁和部首的区别

①偏旁、部首的区别

A. 偏旁是从造字构形的角度定义的。习惯上有"左偏右旁"的说法，这是采用"两分法"对汉字进行结构分析得出的认识。由于汉字结构复杂，许多汉字并不是左右结构的。所以，不再区分左右，一律称之为"偏旁"。

B. 部首是从应用功能的角度定义的。许慎编写《说文解字》时，根据汉字的形义关系排列汉字。他把含有相同表意成分的字排列在一起，并把这种排字方法叫作"分别部居"。每"部"第一个字就是"部首"。可见，部首也是偏旁，是用来作为排列和检索汉字依据的特殊"偏旁"。

②部件与偏旁的关系

A. 联系

汉字的所有偏旁都可看成部件，有些偏旁是基础部件，例如"社"中的"礻、土"，有些偏旁是复合部件，如"落"中的"洛"，"婶"中的"审"。

B. 区别

a. 功能不同。偏旁表示整字的意义或读音，部件不一定和整字读音、意义有关系。例如在"蔓"字中，"艹、曼"是偏旁，又是部件，"日、四、又"只是部件，不是偏旁。

b. 拆分原则不同。偏旁拆分时，一定要依照汉字的构造理据进行有理拆分，如将"落"拆分成"艹、洛"两个偏旁就是根据该字上面表意、下面表音的理据；部件拆分时，不一定要依照汉字的构造理据，可以完全按照现代汉字的形体进行无理据拆分，如将"落"拆分成"艹、氵、夂、口"四个部件。所谓有理据拆分，就是拆分出的部件和字音或者字义有联系。

2. 部件的分类

根据部件是否具有可切分性，我们可以将部件分为基础部件和复合部件。部件的切分实际上是对字的组合过程的逆向操作：组合过程是由小到大、由下位到上位进行的；而切分过程则是由大到小、由上位到下位进行的。

整字切分为部件之后，根据部件是否具有独立成字的能力，可将部件划分为成字部件和非成字部件。

（1）基础部件

不能再切分的部件叫基础部件。基础部件是汉字最小的构形单位。虽然基础部件是由笔画组成的，但孤立的、分散的笔画，是不具备部件所必需的功能的，因为这些笔画既不涉及整字的意义，也无关乎整字的读音。只有当笔画组成部件后，才能充当整字的义符或声符，或者充当复合部件的表义部件或示音部件。

（2）复合部件

可以再切分的部件叫复合部件。如"贺"中的"加"、"落"中的"洛"、"华"中的"化"等。

①成字部件

可以独立成字的部件叫作成字部件。例如："另、吉、唱、向"里的"口"，"村、杏、呆、困"里的"木"。成字部件有读音和意义，成字部件的读音也就是它的名称。如"土"读"tǔ"，称为"土字旁"，"人"读"rén"，称作"人字旁"。

②非成字部件

不能独立成字的部件叫作非成字部件。例如："筒、刚、网、铜"里的"冂"，"疾、病、疼、嫉"里的"疒"。不成字部件没有读音和意义，为了便于称说，可以给不成字部件起个名称。在切分出来的汉字部件中，一些不成字部件都有习惯的名称。如：三点水"氵"，秃宝盖"冖"，宝盖"宀"，竖心旁"忄"，草字头"艹"，四点底"灬"，走之"辶"，立刀"刂"。

非成字部件不能独自构成整字，必须依附于其他部件来体现构字意义。这种部件本身不能独立使用，无法与语言中的词相对应。

3.合体字的组合模式

将含有多层次部件的汉字整字从大到小拆分，得到的部件依次叫作一级部件、二级部件、三级部件等。最小的不再拆分的部件叫作基础部件，也叫末级部件。按第一级部件的组合模式，合体字的结构主要分为以下几类：

（1）并列结构

左右并列结构：往 性 样 语 到 河 磕 鹂

左中右并列结构：辙 街 班 衍 淅 淋 挪

（2）上下结构

上下结构：台 分 是 昆 要 花 竟 患

上中下结构：高 高 菩 裹 簟 莽 煎

（3）包围结构

全包围结构：回 园 囚 困 国 圆

上三包围结构：问 向 同 用 风

左三包围结构：匡 匣 医 匿 匪 匜 臣

下三包围结构：凶 画 击 函 幽 凼

上左包围结构：厄 压 病 考 居 庆 尼

上右包围结构：句 匀 可 习 氧 司

下左包围结构：这 近 建 旭 毯 起 翘 勉

右包围结构：头 斗

（4）品字结构：淼 焱 森 晶 鑫

（5）特殊结构：坐 承 乖 噩 巫 爽

（三）笔画、偏旁和部件在汉字中的位置

同样的笔画、偏旁可以组成不同的字，它们的区别就在于部件相对位置的不同。如"土、士、干"这三个字中，"土"的两横是上短下长，"士"是下短上长，而"干"则是笔画"竖"向下出头；又如"王、丰"，"王"笔画"竖"上下都不出头，而"丰"则上下都出头；再如"主、玉"，"主"笔画"点"在上部，而"玉"的"点"则在右下部。

部分合体字里也有类似的情况，部件的位置不同构成了不同的合体字。如"呆、杏"，部件"口"在上"木"在下是"呆"，反过来则是"杏"；又如"另、加"，部件"口"在上"力"在下是"另"，"口"在右"力"在左则成了"加"。

像这种由同样的笔画、偏旁通过变换不同的位置从而构成不同汉字的情况不是很多；而在多数情况下，部件的位置还是比较固定的，一个汉字如果笔画、偏旁的部位乱了，就构不成字了。因此，我们在初级汉字教学中，应该给学生介绍这些部件在汉字中的基本位置，并设计相关的练习，帮助学生熟悉并掌握它们。

（四）整字

整字就是一个个方块汉字，它是汉字的使用单位。现代汉字分为独体字与合

体字两类。由一个末级部件构成的字是独体字，直接由笔画组成；由两个或两个以上末级部件构成的字是合体字，合体字多数是由几个独体或几个独体的变体拼合而成。例如：

独体字：一 人 及 册 事 大 日 木 月

合体字：倍 街 衷 国 麟 河 宫 明 相

第 ⑤ 节　汉字的简化与规范化

新中国成立之前的漫长年月里，汉字已经进行过一些简化工作。我们现在重点介绍新中国的汉字简化、规范化情况。

一、汉字的简化

（一）汉字的繁简体

所谓繁体字，是与简体字相对而言的。一个汉字如果有两个以上的形体，笔画多的就叫繁体字，笔画少的叫简体字。早期的汉字是由图画发展起来的，描绘事物形象的精细和粗略就产生了简体与繁体的区别。在甲骨文中，一些字就同时存在繁体和简体。

由于汉字隶变之后仍有不少字结构复杂，笔画繁多。南北朝以来，在常用的楷体汉字中，有一部分出现了较简便的字形，笔画比正字少，一般被叫作简体字。

简化字，是由笔画繁多的字改写成的笔画简单的字，是繁体字经过整理简化之后的书写形式。

我们现在提到的简化字，指的是 1986 年 10 月经国务院批准重新发表原中国文字改革委员会于 1964 年编印的《简化字总表》所公布的全部简化字。

（二）汉字简化的方法

1949年以后，为了教育普及的需要，中国政府统一对汉字进行了较大规模的简化工作，先后有2000多个繁体字被简化字取代。汉字简化的主要方法有以下几种：

1. 保留轮廓，减省笔画

即省去原字中繁难的部分，只留下轮廓部分。如：蓋—盖、傘—伞、樹—树、齊—齐、齒—齿、龜—龟。

2. 以点代面，减省部件

即选取其中的一个部件来代替原字，省去其他部件。这也可称作"以部分代全体"。如：聲—声、開—开、醫—医、氣—气、遲—迟。

3. 声符义符，以简换繁

即用构形简单的声符或义符替换原来的构形繁复的声符或义符。

替换义符的，如：願—愿、鹼—硷、骯—肮、貓—猫、跡—迹；

替换声符的，如：殲—歼、劇—剧、擁—拥、億—亿、燈—灯、種—种。

4. 草书楷化

即将已经社会化的草书字的笔形楷化，作为规范字。如：書—书、貝—贝、車—车、專—专、東—东、會—会。

5. 偏旁改造，符号替换

即用一个笔画简单的符号来替代一个或几个笔画繁难的偏旁。这个符号只起替代作用，没有表意或示音功能。如：僅—仅、漢—汉、勸—劝、區—区、學—学、興—兴。

6. 全面改造，另造新字

有些字不便简化，也不便以同音字替代，就另造新字。这些新造的字有两种情况：

一是新造字为会意字和形声字。如：

塵—尘　寶—宝　體—体　竈—灶　眾—众（会意字）

驚—惊　態—态　郵—邮　審—审　竄—窜（形声字）

二是新造字为纯粹的符号。如：

義—义　頭—头　萬—万　幣—币　辦—办　棗—枣

7. 弃今用古

即抛弃现用字形，采用古字来取代今字。如：雲—云、纔—才、從—从、電—电、鬚—须。

8. 同音借用

即借用结构简单的音同或音近的字，来替代结构繁复的字。采用同音替代简化法的前提是：借用字与被借用的字，其中有一个必须是罕用的生僻字，借用以后不至于发生意义的混淆。这种方法如果选字得当，既简化了笔画，又精简了字数。如：醜—丑、韆—千、齣—出、裏—里、臺—台。

9. 举一反三，偏旁类推

即用简化偏旁或可做偏旁的简化字，来替代合体字中的同形部件，以类推出一批简化字。类推简化是汉字简化最重要的方法，简化率极高。这是因为，汉字的构形系统以形声字为主体，具备了成批类推简化的条件。绝大多数简化汉字都是类推简化出来的。

二、汉字的规范化

汉字整理的目的是为了实现汉字的规范化、标准化。新中国汉字规范化的内容主要有四个方面：汉字的定量、定形、定音、定序，简称"四定"。

（一）定量

汉字的定量是指规定现代汉语用字的数量，以便汉字学习和运用，便于汉字信息处理。

汉字定量工作取得的成果主要是两个字表：《现代汉语常用字表》（1988年1月）和《现代汉语通用字表》（1988年3月）。

国家语言文字工作委员会1988年1月制定出《现代汉语常用字表》，共收汉字3500个。常用字是社会普及教育和书面汉语应用中经常使用的汉字，是国民素质教育的基础。

《现代汉语通用字表》1988年3月25日由国家语言文字工作委员会和新闻出版署联合发布。它是在1965年1月发布的《印刷通用汉字字形表》的基础上增订而成的。通用字是为了满足现代汉语书面语的需要，解决3500常用字之外剩余的0.52%覆盖率的汉字需求问题。通用字是社会成员普遍通用的汉字，不包括专业性偏僻字和一般人少用的罕用字。通用字表共收汉字 7000 个，其中除了 3500 个常用字之外，根据实际需要，主要以《印刷通用汉字字形表》为基础，删除了其中不常用的 50 个字，增加了 854 个字。

（二）定形

汉字的定形是指规定现代汉语用字的标准字形。凡是通用汉字，一个字只能有一种确定的字形，不能有多种字形。汉字异体繁多，影响顺利交际，需要整理，特别是中文信息处理技术更需要确定统一的字形标准。

教育部和国家语委于 2001 年 12 月发布《第一批异形词整理表》，整理了异形词 228 组。

（三）定音

汉字的定音指规范现代汉语用字的标准读音。现代汉语中存在大量的多音字。例如："差"字共有四个读音，在不同的词语中有不同的读音，如果不加以注意，很容易读错：

chā　　差别　　偏差　　误差　　电势差　　一念之差　　阴差阳错　　差强人意

chà　　差不多　　差不离　　差不了　　差远了　　相差十万八千里

chāi　　出差　　公差　　当差　　官差

cī　　参差

另外，存在很多人名、地名的异读，需要进一步审定；轻声词、儿化词在书面上没表示，在口语里有随意性，应加以明确。

1985 年，国家语委、国家教委和广播电影电视部发布了《普通话异读词审音表》，提供了异读字的正确读音，可以作为指导汉字定音的主要参照标准。

（四）定序

主要是确定汉字在辞书中的排列顺序。汉字排序法有如下几种：

1. 义序法

按照字义进行分类，排列顺序，如古代辞书《尔雅》《释名》等。《尔雅》按照系列分类排列：释诂、释言、释训、释亲、释宫、释器、释乐、释天、释地、释丘、释山、释水、释草、释木、释虫、释鱼、释鸟、释兽、释畜等。

按意义排序很难定出明确一致的标准，所以，除了特殊需要，一般不采用义序法。

2. 形序法

形序法是按照字形特征进行分类来排列字序。中国最早的一部字典《说文解字》就是根据字形结构特点排列汉字的。汉字结构复杂，可以作为排序依据的字形信息也相对较多，因此，形序法又分为以下三种：

（1）笔画法

这种方法实际上是笔画笔形法，主要根据汉字笔画的数量多少排列汉字。笔画数相同的字，根据不同笔形的顺序排列。

汉字的基本笔画有五种。五种基本笔画如何排列次序也有不同。例如：

A."札"字法：取"札"字的笔顺做排序依据，即：横、竖、撇、点、折。这是现在最常用的排序方法。

B."丙"字法：取"丙"字的笔顺做排序依据，即：横、竖、折、撇、点。

C."江天日月红"法：取每个字的首笔形做排序依据，即：点、横、竖、撇、折。

（2）部首法

部首法是按照汉字的部首排列汉字的顺序。部首和部首内的汉字按照笔画多少和笔顺排列。

汉字部首起源于东汉末年许慎编撰的《说文解字》，该书首创540部首。《正字通》和《康熙字典》合并为214部。

现代通行的字词典工具书，所采用的部首数量不尽相同。2009年2月由教育部、国家语委发布《汉字部首表》，规定主部首201个，附形部首99个。

（3）号码法

号码法主要是四角号码法。由于汉字笔形有很多变体，取码比较复杂，现在已经很少使用。

3. 音序法

音序法是按照汉字的读音排列汉字的顺序。历代的韵书都属于按照"音序法"排列汉字的。现代汉语早期曾经采用"注音字母"记录顺序排列汉字的方法，1958年《汉语拼音方案》公布实施以后，基本上都以《汉语拼音方案》拼写的汉字读音形式作为排序依据，根据汉语拼音字母表的顺序排列字的音序。

三、常用汉语字典、字表及检字法

（一）常用汉语字典、字表

1.《新华字典》

《新华字典》初版于 1953 年，是新中国成立后出版的第一部以白话释义、用白话举例的字典，也是迄今最有影响、最权威的一部小型汉语字典，堪称小型汉语语文辞书的典范。人民教育出版社 1953 年 10 月初版，2011 年 6 月商务印书馆第 11 版，收字 11000 多个。

2. 常用字表

（1）《第一批异体字整理表》

1955 年 10 月，在北京召开的全国文字改革会议一致通过了《第一批异体字整理草案》，并建议由新闻出版部门立即实施。同年 12 月，文化部和文改会联合发布了《第一批异体字整理表》（以下简称《一异表》），要求从 1956 年 2 月起在全国实施。该表收异体字 810 组，根据从简从俗的原则，从中选出 810 个作为正体，淘汰了 1055 个异体字。由于该表颁布后又曾做过某些调整，在以后颁行的《简化字总表》和《现代汉语通用字表》中，还恢复了不少异体字，因此，凡是与《简化字总表》和《现代汉语通用字表》不一致的地方，应以后两者为准。

（2）《简化字总表》

汉字的简化整理工作从 1956 年开始，到 1964 年 3 月，制定出了《简化字总表》（以下简称《总表》）。1986 年 10 月经国务院批准重新发表原中国文字改革委员会于 1964 年编印的《简化字总表》。重新发表的《简化字总表》对原《简化字总表》中的个别字做了调整。

《简化字总表》分成三个表。表内所有简化字和简化偏旁后面，都在括号里列入原来的繁体。第一表所收的是 352 个不做偏旁用的简化字。这些字的繁体一般都不用作别的字的偏旁。个别能做别的字的偏旁，也不依简化字简化。第二表所收的是 132 个可做偏旁用的简化字和 14 个简化偏旁。第三表所收的是运用第二表的简化字和简化偏旁作为偏旁得出来的简化字。

（3）《现代汉语常用字表》

《现代汉语常用字表》于 1988 年 1 月由国家语言文字工作委员会、国家教育委员会发布。该表分常用字（2500 字）和次常用字（1000 字）两个部分。经计算机抽样检测，常用字在语料中的覆盖率达到 99.48%，掌握了常用字就达到了使用汉语的基本要求。

(4)《现代汉语通用字表》

《现代汉语通用字表》于1988年3月25日由国家语言文字工作委员会和新闻出版署联合发布。它是在1965年1月发布的《印刷通用汉字字形表》的基础上增订而成的。《印刷通用汉字字形表》收字6196个,《现代汉语通用字表》收字7000个。它们确立了同手写体接近的印刷体及其字形,规定了所收汉字的字形结构、笔画数目以及笔顺等,是我们使用新型印刷体和新字形的规范性字法标准,同时也是淘汰异体字、使用简体字的新的补充性标准。

2000年语文出版社出版的《现代汉语通用字笔顺规范》确定了《现代汉语通用字表》中7000个汉字的规范笔顺。每个汉字的笔顺用三种形式表示:一是跟随式,一笔接一笔地写出整字;二是笔画式,用横(一)、竖(丨)、撇(丿)、点(丶)、折(一)五个基本笔画表示,其中,提(㇀)归为横(一),竖钩(亅)归为竖(丨),捺(㇏)归为点(丶),各种折笔笔画归为折(一);三是序号式,用横、竖、撇、点、折五个基本笔画的序号1、2、3、4、5表示。

(二)常用检字法

1. 部首检字法

2009年2月由教育部、国家语委发布《汉字部首表》和《字符集汉字部首归部规范》。其中,《汉字部首表》规定主部首201个,附形部首99个。新发布的《汉字部首表》对1983年《汉字统一部首表》做了三个方面的调整和补充:一是主部首和附形部首的确立;二是部首排序;三是部首表的使用规则。

《字符集汉字部首归部规范》给出了20902个汉字的部首归部表。新的归部原则为:从汉字的左、上、外位置取部首;汉字的左、上不是部首的,右、下是部首,取右、下位置的部首;半包围结构字,外不是部首,内是部首。如"岛"字的部首是"山"而不是"鸟"。

部首检字法:部首的排列,一般是按笔画的多少,由少到多排列的。同一个部首下的字,一般也是按笔画的由少到多排列。要查一个字,先确定部首,再数清笔画(部首笔画除外),最后查检。这种检字法的优点是容易掌握,但是部首不容易确定,而且查检的速度比较慢。

2. 笔画检字法

笔画检字法又称笔数法、笔画查字法,是中文类工具书常用的检字法之一。如《辞海》等书就使用了笔画检字法。

笔画检字法按汉字笔画多少为排列顺序。笔画数少的在前，笔画数多的在后；笔画数相同的，再按起笔横（一）、竖（丨）、撇（丿）、点（丶）、折（𠃍）为序排列。这种检字法的优点是容易掌握，但是，不熟悉汉字笔画、笔顺规则就容易出错，另外，查检的速度也不快。

笔画检字法单独作为一本工具书的检字法，比较少见，一般把它作为一个备选检字法附在其中，其他检字法无法检索出汉字时，用它来帮助检字。

3. 汉语拼音检字法

按照汉字的汉语拼音使用的 26 个字母的顺序进行编排。这种检字法是目前最为流行的一种检字法。只要使用者懂得汉语拼音，掌握起来是非常容易的，查检速度也比较快。

这种检字法的缺点是如果不知道汉字的拼音，就无法查检，而且，汉语同音字太多，往往有几十个字读音相同，给查检也带来一定的麻烦。

汉字教学概述

第2章

第 ① 节 汉字教学的重要性

一、语言学习的需要

我们知道,汉字是记录汉语的书写符号系统。语言符号包括音(发音)、义(意义)、用(应用),同时,还包括记录它的文字符号——形。全面掌握一门语言,对其文字书写系统的学习是不可缺少的。

二、过好"汉字关"是学好汉语的基础

现代汉语普通话语音系统中,由 21 个声母和 35 个韵母组合成 1000 多个音节,而实际生活中的常用汉字为 3500 个,通用汉字为 7000 个。这说明平均每个音节要记录好几个汉字,因此汉语中存在着大量的同音字。如果不能识读汉字的话,首先在学习生词时会遇到很大的麻烦,会产生一个词有多个意思的误解。同时也无法阅读用汉字写成的课文和其他文章。实践证明,外国人学习汉语时,如果只学听说,不学汉字,越到中高级阶段,在学习中遇到的阻碍就会越大。

第 ② 节 对外汉语汉字教学理念与教学模式简介

一、语文并进

所谓"语文并进",是指在实际教学中口语(听说)教学与识字(读写)教

学同步进行,"语文一体""随文识字"(也叫"语文并进")是它的表现形式或者说是教学模式。

在这一模式中,汉字的出现完全取决于教材内容(即所谓的"随文识字"),课文里出现什么句子,就给出相应的汉字。汉字教学内容也只限于课文每课后边所提供的汉字笔顺表和对已出现的汉字的有限总结。其优点是在一定的语境(课文、句子和词)中学习汉字,有利于掌握汉字的意义和用法;每学一个新字总是形音义紧密结合,避免音义与形脱节。

该教学模式体现在两个方面,分别为"语文一体"和"语文并进"。

"语文一体"是指在对外汉语教材的编写上,汉语的"语言"材料用"文字"——汉字来书写(而不是用汉语拼音),如:

甲:您上哪儿?

乙:出去走走。

"语文并进"则是指在教学方式上,在教"语言"的同时进行"文字"教学,"语"和"文"同步进行。这种教学模式不区分"汉语"和"汉字",认为"汉字"包含在"汉语"之中,因此,只提"汉语教学"而不提"汉字教学"。

"语文并进"的汉字教学模式虽然也能取得不错的效果,但是其不足也是显而易见的。对于非汉字文化圈的汉语学习者来说,汉字是一种全新的符号。他们看到一个汉字以后,先要认清汉字的形体,再想该汉字的读音,然后再想它的意义。因此,在学习初期既要学习听说又要学习汉字,很容易分散学生的注意力,影响教学效果。此外,学生在语音关都还没过的情况下,同时加上难度很大的汉字,也极易使学生产生畏难情绪,从而影响学习积极性等。例如,按照这种教学模式,学习者在初期最先接触的可能是笔画多或者结构复杂的汉字,比如"我""谢"等。从词汇教学的角度看,"我""谢谢"都是 HSK 词汇大纲里的甲级词,属于初级阶段的词汇。但是,从汉字书写的角度来看,"我"有 7 画,"谢"有 12 画,结构也都比较复杂。让初接触汉字的学生写这么复杂的字,难度很大,有悖于由易到难的学习规律。

二、先语后文

所谓"先语后文",是指先进行口语(听说)教学,后进行汉字(读写)教学,把口语和汉字的教学分开。在教学模式上表现为"语文分开"和"语文分进"。

"语文分开"是指在教材编写上把"语言"和"文字"分开,编写专门教语言和专门教文字的教材。"语文分进"是指"语言教学"和"文字教学"分开进行,分别使用不同的教材、采取不同的教学方法教授各自的内容。

　　张朋朋(1999)就"语文分开""先语后文"进行过实验。实验证明,采用这种教学方法,确实使我们在"语"和"文"两个方面都可以取得更好的教学效果。

　　在口语教学方面,由于不受汉字的阻碍,学生们不仅学起来容易,而且速度快,掌握的词汇量也比使用"语文一体"的教材要大得多。在汉字书写教学方面,由于按照汉字形体结构的系统性来进行,减轻了学生们学写汉字的难度,增加了学习兴趣,受到了他们的欢迎。通过这样的教学,他们学到的不仅仅是写一些汉字,而且是一种分析和记忆汉字的能力,为今后的学习打下坚实的基础。识字教学由于采用集中识字的方法,虽然用的时间少,但学生的识字量大,从而达到了快速提高阅读能力的目的。

　　但是,这种教学方法也有其弊端。首先,它在海外非汉字文化圈国家是比较容易实行的,前提是学生的母语中都不使用汉字。在汉字文化圈的国家,比如日本、韩国、新加坡等地就不一定很有效。其次,在中国进行留学生汉语教学时,这种方式成本太高,不太实用。因为学生来自不同的国家,很难在分班时保证整个班都是非汉字文化圈国家的学生。还有,对于学习周期很短的学生来说,也很难保证达到预期的教学效果,特别是汉字方面。周期短的学生,比如来华学习四周、五周、六周等时间段的学生,口语方面固然进步很快,效果很好,但是由于汉字习得需要循序渐进,需要较长的周期才能达到预期效果,短时间内效果不会那么明显。

三、"词本位""字本位"与"词·语素·汉字"教学法

(一)"词本位"教学法

　　"词本位"教学法是把词作为语言教学的基本单位。教材设计时先教词,再教用词造句,然后教用句子组成的课文。

　　在对外汉语教材编写上,长期以来一直使用的是"词本位"教学法。比如教"我去商店。"这个句子,具体的做法是先教"我""去""商店"三个词,然后再教由这三个词组成的句子。按词本位原则编写的教材一般分三部分,一是中外文对照的词表,二是课文,三是用词造句的语法规则。

（二）"字本位"教学法

"字本位"教学法把汉字看作汉语教学的基本单位。同样以"我去商店。"这个句子为例。这种方法把"商店"一词先分成"商"和"店"两个字来教，先讲清这两个字的形、音、义，然后再教"商店"这个词。汉字是表意的，每一个汉字基本代表汉语的一个语素，很多语素都有一定的构词能力。如："商"还可以构成"商人、商场、商业、商品、商船、商会"等，"店"还可以构成"鞋店、肉店、钟表店、服装店、茶叶店"等。汉语中常用汉字是有限的，约3000多个，但用这些汉字所代表的语素构成的词是数以万计的，是3000多汉字所代表的语素的几倍，甚至十几倍。

另外，汉字所代表的语素义和所构成的词的词义，一般来说有意义和逻辑上的联系。如果学生学了"商"字，又学了"人"字，"商人"一词学生会不学自通。学了"店"字，又学过"鞋、肉、水果、食品"等字、词，在街上看见"鞋店、肉店、水果店、食品店"等词，即使他们没学过，也会推解出这些词的意义。也就是说，先让学生认了字，再学词就比较容易了。汉语中有相当多的词在书面上可以望字知义，认识一定数量的汉字以后，扩大词汇量就比较容易了。

（三）"词·语素·汉字"基本框架教学法

该理念认为，对外汉语教学的基本单位是能够独立运用的语素，即"词"，也是它的书写形式，即"字"。从教学过程看，汉语中的词和记录它的汉字就像一张纸的两面，又像是手心和手背，是不能截然分开的。这时，汉字不再是文字学意义上的"字"，而是词的书写形式。因此，对外汉字教学属于语言学范畴，而不是文字学范畴。汉字是汉语词的书写形式，对外汉语字词教学的主要矛盾在于如何处理汉语词和它的书写形式之间的关系。汉字和汉语词句互相关联，关联的基点是语素，"词·语素·汉字"由此构成了汉语字词教学的基本框架。在这个框架中，汉字和词是汉语教学的出发点和落脚点，是显性的；语素只有通过汉语的词和字才能显现出来，是隐性的。以词的使用频率和字的构形规律为基本线索构建教学词库和字库，做到字词兼顾，并在语素的基础上拓展学生的汉语能力和汉字能力，是"词·语素·汉字"这一教学理念不同于"词本位"或"字本位"教学法的本质特征。

施正宇（2008）用这种理论在教学中做了一些探索。作者把三本不同课型（精读、口语、听力）的教材中出现的生词所用的汉字进行排列，得到了两个"库"：教学词库和教学字库。

教学词库包括即知词库、心理词库和欲知词库等三个子词库。即知词库指的是教材规定的学习者在课堂教学中应该学会使用的词的总和，这些词一般集中出现在教材的生词表中。心理词库又叫已知词库，指的是已经贮存在学习者头脑中的词的总和。欲知词库指的是以上两个词库以外的学习者未知而想知道的词的总和。

在此基础上，以汉字构形原理为指导，以其形、音、义为线索对教学词库的书写形式——汉字进行梳理，得到三个子字库：字形字库、义符字库和声符字库。三者联合构成教学字库。

字形字库指的是以汉字形体的最大相似度为基本特征组成的字的集合。汉字形体的相似度取决于其书写元素和组合方式，书写元素包括笔形、笔画数和部件，组合方式指的是书写元素的位置关系及结构方式。汉字形体相似度的高低关系到汉字识别、记忆的难易程度。例如任何人都不会把"二/餐""丁/愚"相混淆，因为二者不具有形体相似的特征。但下面各组所含的偏旁和汉字则极易相混：礻/衤、冫/氵、午/牛、小/少、乃（奶）/及、儿/几、刀/力、爪（抓）/瓜、八/人/入、土/士/干/千/于，等等。它们在书写元素笔画、组合方式乃至字形轮廓上都具有极大的相似度，学生书写这些汉字的错误率也比较高，而字形字库的构建将有利于学生在对比的基础上提高汉字识别、记忆的效度。

义符（即一般理解的形声字的"形旁"）字库指的是以参构汉字的义符为共同特征组成的汉字的集合。研究表明现代汉字的义符仍然具有较高的表义功能。如：父与爸；饣与饭、饺、饼、馒、馄、饨等；氵与液；足与跑、跳、踢等；纟与红、绿、紫；女与奸、嫌、妄等。义符的表义功能是影响汉字习得的一个重要因素。

声符（即一般理解的形声字的"声旁"）字库指的是以参构汉字的声符为共同特征组成的汉字的集合。如包含声符"莫"的汉字：莫 mò、摸 mō、模 mó、漠 mò、寞 mò、幕 mù、慕 mù。

但是由于作者文章中没有做统计分析，我们无从知道该方法的实际应用效果。另外，我们认为该方法操作起来比较烦琐，教师备课量很大，不太实用。

第 ③ 节　汉字教学的基本原则

刘珣先生在《汉语作为第二语言教学简论》一书中，对汉字教学的一些基本原则做了比较全面的总结，归纳出对外汉字教学的五条基本原则：1."语""文"先分后合，初期汉字应按自身规律独立教学。2. 强化汉字教学，"字"与"词"教学相结合。3. 把握汉字的构成规律和基本理论，利用汉字的表意和表音功能识记汉字。4. 按笔画、部件、整字三个层次，从笔画、笔顺、部件、间架结构四个方面进行汉字教学。5. 重视对比，加强复习，通过书写识记汉字。下面加以具体说明。

（一）"语""文"先分后合，初期汉字应按自身规律独立教学

初级阶段应把"语"和"文"分开，即口语教学和汉字教学分开。口语先借助汉语拼音来进行。汉字教学先进行汉字字形结构单位的教学，即"摹写教学"，等学生具有摹写汉字的能力后再学习用汉字书写的语言材料。

有人认为在初级阶段应该设立平行的口语听说课和汉字读写课。听说课采用拼音教学，讲练词汇、语法、课文并进行句型操练。读写课介绍汉字的基本知识，并按汉字的特点和形体结构规律进行基本汉字的教学。口语课在前，汉字课在后，两条线分开。在学习者基本掌握汉字结构规律的基础上，还应尽快使语、文同步，即每学一个新词（字）就要同时掌握其音形义。

（二）强化汉字教学，"字"与"词"教学相结合

真正体现汉语结构特点的单位是"字"。把"字"作为汉语词语和语法教学的基本单位，才能体现汉语的特点，找到掌握汉语的关键。汉语作为第二语言教学要特别强调作为形音义结合体的"字"的教学，不能把汉字仅仅看作是书写单位和词语教学的附属品。

"词"这一级单位从培养语言交际能力考虑，仍很重要。在强调汉字教学的同时，词汇教学的重要性仍不能动摇，字与词的教学应紧密结合。

（三）把握汉字的构成规律和基本理论，利用汉字的表意和表音功能识记汉字

课堂上教授汉字知识十分重要。教师介绍一定的汉字演变和结构规律知识，可以帮助学习者从整体上把握汉字，尽快找到对汉字的感觉。在识记汉字的过程中，不能要求学生完全死记，要尽可能利用汉字的表意和表音功能，加深对汉字的理解和记忆。汉字以表意为主，分析汉字一定要注重其形；另一方面要利用汉字的表音功能识记汉字，这是以拼音文字为母语的学习者的长处。

汉字知识的讲授要以传统的字源学特别是《说文解字》中总结的"六书"理论为依据，以保证汉字教学的科学性。但由于几千年来汉字字形字音的演变，"六书"理论已不能完全适应现代汉字的分析；要求现代汉字个个溯源不仅难以做到，而且对不了解汉字文化的学生来说，反而会使问题更加复杂化，而且过多地讲解文化内容也不是作为技能课的汉字课的任务。为了帮助学习者识记汉字，可以适当根据现代汉字字形进行"新说"。

面对汉字独特的笔画、部件和结构，人们常常会产生一些奇特、幽默、荒诞的联想，使我们悟出汉字中所包含的某种道理。当然，这些道理可能不是造字时的本意，也不能当作字源知识，但对学生掌握汉字、记忆汉字、欣赏汉字都有帮助。例如（周健等，2004）：

宿　上边的"宀"表示房屋，下边有一"百"个"人"（亻），这么多人住在一起，一定是宿舍。

雨　这个字真像雨点打在左右两块窗玻璃上。

宝　房子里有玉，当然是宝贝。

灾　大火在家里烧起来，就是灾难的写照。

夹　两点被两横夹住，人又被两点夹住，动弹不得。

南　在中国，都说南方人有钱。这话不假，你看南方人，他们口袋里装着人民币（￥）。

意　意思是心中的声"音"。

接　由"女、立、手"三个部件构成，想像女朋友手持鲜花，站在那儿接你。

安　家里有了女人就安定了。

晕　我每天（日）坐秃宝盖的"车"上学就头晕。

怕　由于心里害怕，脸都吓白了。

买卖　没有东西就要去"买"，有了东西"十"，才可以"卖"。

（四）按笔画、部件、整字三个层次，从笔画、笔顺、部件、间架结构四个方面进行汉字教学

汉字课堂教学中，要根据汉字的内部构造进行系统的教学。按照笔画、部件、整字三个层次，从笔画、笔顺、部件、间架结构四个方面进行汉字教学。在汉字教学过程中，对汉字有必要进行分类梳理。首先需要对汉字字形进行解析，将汉字分为笔画、部件、整字三个层次。然后要从笔画、笔顺、部件和结构方式四方面进行教学，使汉字教学有规律可循。对掌握笔画、笔顺、部件、结构方式的训练，从一开始就应该严格要求，打下牢固的认读和书写的基础。

（五）重视对比，加强复习，通过书写识记汉字

在课堂教学和学生学习的过程中，要重视汉字的对比，加强复习，通过书写识记汉字。对形近字和同音字需要进行结构和字义的比较。形近字，像"未"与"末"、"没"与"设"、"人""入"与"八"、"找"与"我"等。有的是多一笔少一笔，有的是笔画长一点短一点，或者其中某一部件稍有差别，特别是笔画之间存在相离、相连、相交等不同的位置关系，这些常常为学习者忽视，写成错字。同音字则需要通过形义的对比，避免写出别字。除了对比以外，汉字的复习巩固也非常重要。不经常复习，汉字非常容易遗忘。只有通过反复书写练习，才能有效地记忆汉字。汉字书写练习的方法很多，我们在后面的章节还将专门进行介绍。

目的语与非目的语环境下的汉字教学

第3章

第 ① 节　不同环境下汉字教学存在差异

作为汉语的表征符号，汉字一直是汉语教学的重要组成部分，但是由于汉字在结构、表音、表意方面的特殊性，其难认、难写、难学的特征让许多汉语学习者望而却步。特别是在非汉字文化圈，汉字的书写和认读往往被认为是汉语学习的最大困难之一。在澳大利亚，汉语、日语和韩语这些汉字类的语言被明确列入"需要学习时间最长的语言"行列（Bianco & Liu, 2007）。另一方面，对于汉语教师而言，"在汉语教学中如何处理语言和文字的关系，是一个十分复杂的问题"（吕必松，1996）。也就是说，无论是学习汉字还是教授汉字，都是存在困难的。这些困难造成的结果是，"在对外汉语教学中，汉字教学一直处于滞后状态"（万业馨，2004）。在目的语环境与非目的语环境下，汉字教学的内容、方式也存在种种差异，这种差异使得研究者不断对汉字教学进行细化和分解，以促进汉字教学的进一步科学化和系统化。本章将以非目的语环境下，特别是非汉字文化圈英语背景下的汉字教学为例，对目的语与非目的语环境下汉字教学的地位、学习者、学习材料等诸方面进行简要的对比和分析，并试图提出一些简单的意见和建议，以供非目的语环境下的汉语学习者、教学者参考。

第 ② 节　不同环境下汉字教学的地位

一、目的语环境下汉字教学的地位

在理论界，吕必松先生（1996）早在上世纪九十年代就提出，人们学习一种语言的文字，就是要掌握这种文字的形式结构以及这种形式结构所代表的发音和意思。而万业馨（2007）则进一步明确，对外汉字教学的目的，是让第二语言学习者在对汉字符号体系有基本了解的基础上掌握并运用一定数量的汉字。也就是说，汉字教学的目标不仅仅是让学生会读会认，而且需要学生掌握汉字构成的基础知识，并利用这种知识不断扩大识字量，甚至提高写字量，进而达到阅读和写作的目的。这就把汉字教学放到了一个"支架"的地位，支撑汉语学习者在完成基本的"听说"交际任务基础上，过渡到难度更高的"读写"。这种理论基础影响了国内汉字教学的方方面面。

在教学大纲制订上，国家汉办出台的《国际汉语教学通用课程大纲》1级到6级不仅在"语言知识"上对字词认读、书写有明确的目标描述，而且在分项语言技能上还进行了"读""写"目标的详细描述。例如，1级目标内容中，对字词的目标描述是"在教师指导下，掌握150个左右常用汉字，做到听、说、读、写四会"；除此之外，在"读""写"技能描述上分别又有五项和四项具体说明（国家汉办/孔子学院总部，2014年修订版）。

在教学实践中，国内以高校为主体的对外汉语界基本遵循着"听说读写"四种技能同时强调的原则，只是针对学生情况在不同阶段对这四种语言技能的强调水平不完全一致。在认读和书写汉字的教学中也遵照循序渐进、由高频字到低频字、由少笔画字到多笔画字过渡的原则进行。因此，课程设置中，大学的对外汉语课一方面既有以精读课或者综合课为依托的汉字教学环节，又有针对性的汉字选修课或分项技能课，以弥补汉字教学环节的不足，北京大学与北京语言大学都采取了这种设课方式。

在汉字的运用考查方面，也就是考试中，对汉字认读和书写的要求也是十分明确的。以最为通用和权威的HSK考试为例：旧版HSK考试内容全部以简体汉字的形式出现，并且HSK（初中等）最后一题为对汉字书写的考查。这就为考生提出了明确的要求，即掌握《汉语水平词汇与汉字等级大纲》所收录的2905个汉字——不仅要认读，而且要正确书写部分高频汉字。新版HSK虽然在1、2级考试中对汉字读写要求不高，卷面采用"简体汉字+拼音"的形式呈现，但从3级开始卷面上只有汉字，且对书写有明确的考查内容。

总的来说，无论在理论还是实践上，国内基本一致的理念就是：汉字要教、要学，且要教好、学好，要会认读会书写。这不仅为了满足汉语学习者在目的语环境下生活、工作的需要，也为其进一步提升语言水平打下一定基础。当然，国内对汉字教学地位的肯定并不意味着汉字教学的理论研究和教学实践达到了完美的水平。总的来说，对外汉语中汉字教学的模式、方法也都是建立在传统母语汉字教学基础上的，并未突出对外汉语教学区别于母语教学的特点，相对于其他技能教学仍然滞后（万业馨，2009）。

二、非目的语环境下汉字教学的地位

在海外，汉字教学的情况则相对复杂，特别是关于汉字教学的地位，似乎一直很难达成一致，这种分歧既表现在理论上，又反映在实际的教学活动中。

在理论上，一些学者认为汉语口语语法比较简单——没有性、数、格的变化，假如不学汉字，中文对于英语背景的学生来说就会从特别难学的语言变为易学语言（Norman，1988）。而另一些西方学者则认为，虽然"学习中国语言的最大难点是传统的文字"，但是汉字是中国文化的宝贵遗产和组成部分，也是研究中国文化的的中心对象，故而学习汉字是学习汉语必不可少的主要环节，"会读会写汉字是掌握汉语的基本条件"（柯彼德，1997）。

在海外，汉语教学大纲的制定上，如具体涉及单项语言技能目标，很多国家均接纳了后者的理念。例如，法国将学生掌握的汉字分为被动字和主动字两类，前者是要求会认读的字，后者则是要求会书写的字。大纲规定，汉语作为第一外语的教学，需要掌握被动字 805 个，主动字 505 个（江新，2008）。澳大利亚教育部门也对中文第二语言学生必须掌握的基本汉字做出了明确的规定（Bianco & Liu, 2007）。

但是对汉字教学认识上的分歧仍旧影响了海外具体教学实践：如在澳大利亚，提倡用拼音而不用汉字的课程教学者认为，中小学生应当学习实用的中文交流能力，"书本知识"则可完全不顾（Bianco & Liu, 2007），即放弃对汉字的教与学。在美国，也有一些中文项目主张不教或者少教汉字（王晓钧，2004），抑或将汉字讲练仅作为吸引学习者兴趣、了解中国文化的通道，这在海外很多孔子学院开设的汉语课，特别是初级阶段课程中表现尤为突出。另一方面，很多大学仍把汉字读写看作汉语教学的重要组成部分，长期实行"语文并进"的教学路子，即在进行听说交际训练的同时，强调汉字教学。有的大学，例如位于美国东北部的佛蒙特大学，为了提高学习者的汉字水平，还单独开设了汉字选修课。世界各地针对华裔子女的周末假日学校则更加重视汉字教学。也就是说，由于教学对象和目的的差异，在海外"双文制"的思想实际上已得到实践。所谓"双文制"就是在维持"语"和"文"并行的传统教学方法的同时，为时间有限、只学习口语交际的人开设专门的汉语听说课程，汉字可以不教或者有限度地教，基本上用汉语拼音来尽快提高汉语口语能力（柯彼德，2003）。

在汉字运用考查上，海外也采取了尽可能"融合"分歧的做法，最明显的表现就是全美 SAT 中文考试，在这个考试中，听力与阅读部分采用的是英文选项，而其余部分则是繁体、简体、注音字母、拼音四种形式并存的考试形式，对考生的汉字书写能力不进行任何考查。这一方面体现了考试的公平性（主要是繁简字的同时存在），另一方面却也显示了汉字与注音符号之间的竞争关系。当然，不同考试对汉字读写的要求也存在一定差异，比如美国另一个中文考试——AP 中文考试[1]则要求学生阅读繁体字或简体字，但是在"写"的考查上则采用了电脑打字的方法，不直接要求学生书写汉字。

总之，在非目的语环境下，汉字教与不教、教多少、教到什么水平，总体来说并没有得到一致认可。由此可以认为，海外汉字教学的地位并没有确立，仍处在争议阶段。印京华（2003）甚至直接总结到：在美国"汉字的教学在汉语教学中不是被忽视就是被扭曲"。

第 ③ 节 不同环境下学习者的差异

一、目的语环境下的汉语学习者汉字学习情况

在国内，随着中国影响力的不断扩大，来华留学生人数不断攀升。根据教育部公布的数据，2011 年来华留学生首次突破 29 万，达到 292611 人，同比增长 10.38%。其中，亚洲留学生比例最大，占到了全年来华留学生总数的 64.21%，特

---

[1] AP：Advanced Placement 的缩写，为"大学先修课程"。2003 年美国大学理事会将中文列入 AP 课程内，2007 年进行第一次 AP 中文考试，通过考试者可以直接获得大学中文课程学分。

别是日韩两国学生比重较大，超过亚洲来华留学生总数的42%。这些来华留学生大都分布在国内高等院校以及科研院所，其中文科类专业，如汉语言文学专业、对外汉语专业、经贸汉语专业等留学生基本占来华留学生人数的70%以上[①]。

从以上数据可以看出，在国内，汉语学习者基本为成人，且汉字文化圈学生比重较大，学习者主要集中在高等院校和科研院所。同时，调查也显示，亚、欧、美、非四大类来华汉语学习者的学习目的都较为明确，动机较强。对汉语和中国文化的兴趣是他们学习汉语的首要动机，这种内部动机对汉语学习是非常有利的，可以帮助学生扩展、深化学习，比如跨越汉字学习障碍等（江新，2007）。具体说来，在国内的汉语学习者中，明确表示"对汉字感兴趣"的汉字文化圈学生占58%，而95%的非汉字文化圈学生表示"对汉字很感兴趣"或"非常感兴趣"（石定果、万业馨，1998）。同样，从教学实践中也可以发现，由于汉字文化圈学生多，学生学习动机强，对生活环境有要求，国内汉语课堂上的大多数学习者并不排斥汉字认读和书写，甚至可以说对汉字学习兴味盎然，也就是说，目的语环境下汉字教学的推进并不十分困难，甚至相当一部分学习者感受到自己在汉字方面的不足，愿意在课余时间选修汉字课程。

二、非目的语环境下的汉语学习者汉字学习情况

在非目的语环境下，学习者构成较为复杂，学习目的、动机也千差万别，这种种因素也对汉字教学的推进产生了影响。以"汉语热"急剧升温的美国为例，主要的汉语教学机构可以分为主流学校（即大、中、小学）、孔子学院、中文学校、政府机构和商业学校几大类（姚道中，2010），不同机构的教学者、学习者对汉字教学的态度也存在一些差异，具体来说：

首先是在大学进行汉语学习的大学生。目前，在美国3000多所大学中，有800多所开设中文课程（陈倩，2010）。除少数大学设有汉语专业或者辅修专业外，大部分学校的汉语课属于大学的通识教育范畴，是与其他课程并行的公共选修课。虽然选修汉语的学生总数不断增加，但是，各学校遭遇的共同难题是"金字塔"式的学生结构，即越到高水平，学生人数越少，尤其是在第二个学期之后。"几乎每一所开设中文课的美国大学里，都有50%左右已经开始学习中文的学生因汉字难识、难写、难记而在第二学期或第二学年停止学习汉语。"（印京华，

---

① 根据教育部、国家留学基金委历年数据匡算。

2003）由于汉字问题造成的学生流失成了各大学亟待解决的问题之一。由此可以知道，总体来说，美国大学的汉语学习者对汉字学习的热情和动机并不强烈，甚至很多学生把汉字当成了继续学习的"拦路虎"。

其次是中小学校的汉语学习者。在美国，截至2006年，开设汉语课程的中小学校有1000多所，学习汉语的学生总数已超过10万（陈倩，2010）。但是各个阶段学生的学习目的、教师的教学目标等诸多方面都存在差异，这使得不同阶段的师生对汉字教与学都有各自的态度。拿美国弗吉尼亚州在校学生数量最多的郡——费尔法克斯郡公立学校来说：小学阶段，由各个学校自主决定所教授的外语课，可从汉语、阿拉伯语、法语等7个语种中选择，大部分小学只提供一种外语课。到目前为止有9所小学开设汉语课，汉语是仅次于西班牙语的第二大语种。学生一般从四年级开始学习，无指定课本，只注重意义和有目的性的表达，对汉字的学习也没有明确的大纲和教学目标，可以说是兴趣培养阶段。除此之外，学生还可以选择课外外语课程，即由家长或者志愿者为小学生们教授外语的课程，幼儿园到6年级（K—6）学生都可学习，除中文以外还有包括德语、法语在内的8种外语，学习内容也很灵活，对汉字读写亦无具体要求。到7—12年级阶段，该郡的公立学校为学生总共提供10门外语课，一般来说，学生可以在8年级时开始学习汉语，教师按照郡教育部门制订的《外语教学项目费尔法克斯郡公立学校中文教学大纲》进行教学，但教学大纲中对汉字掌握程度、数量均无明确规定。到了高中阶段，共有4所高中设立AP汉语项目，如前所述，AP考试并不要求学生写出准确汉字，只是要求学生打汉字。总体而言，在中小学校的汉语学习者的汉字学习压力并不大，教师对于写汉字的要求远远低于国内。很多学习者对学习汉字表现出兴趣，但并不会花大量时间进行读写练习，拼音是学习汉语的重要工具。

另外，美国周末中文学校的学生也是汉语学习者的重要组成部分。周末中文学校的学生绝大部分为有汉语家庭背景的华裔少年儿童，也有少数无汉语家庭背景的非华裔少年儿童和来自中国的领养儿童，全美有20万左右学生（马燕华，2007）。周末中文学校对其学生的汉字要求较高，希望学生能够读、写所学汉字，以便在提高口语水平基础上，加强对书面语的理解能力以及写作能力。但是由于汉字难写难认、能够运用汉字的环境有限以及常规学校的课业压力更大等种种原因，学习者学习汉字的动机并不强，汉字教学虽不断被强调，总体教学效果却不尽如人意，学了即忘、从中文学校毕业后汉字即成为弱项的情况屡见不鲜。这也导致到中国国内继续修读汉语课程的华裔学生普遍存在汉字读写方面的问题。

最后，在政府机构、商业学校和孔子学院等教育机构的汉语学习者。这批学习者很多都是利用业余时间学习汉语的成年人，有旅游、经商、工作等较明确的学习目的。但由于资料欠缺，在政府机构中，如国防语言学院、美国外交机构等汉语学习者的人数无法确定（姚道中，2010），很难估计其在总体汉语学习者中的比例，也很难得知其在汉字教学方面的要求。但是，可以明确知道，商业学校、孔子学院的学习者人数在不断增加。这两种教学机构常针对学生的不同需求进行教学，特别是商业学校，甚至可以提供一对一的教学，很多学生都将听、说放在首要位置。很多孔子学院的汉语教学也把听说放在比较重要的位置，尤其是入门级课程中，常把汉字作为"文化"教学的一部分，希望在不增加学习者压力的前提下，适当学习汉字。例如，美国乔治梅森大学孔子学院的入门级汉语课程目标为在10次课中"学写简单的汉字"，入门级2的课程只要求"有80字的识字量"，并不要求在课程中一定要能认读或者能书写多少汉字。因此，保持学生对汉字的兴趣，是针对这部分学习者的一大目标，尽量使汉字不要成为学习汉语的绊脚石。

总的来说，海外汉字教学中，学生的学习动机并没有国内学生强，某些情况下甚至成为学生继续学习的一大障碍。同时，由于种种原因，不论学生还是教学者，常存在重"听说"不重"认读"的观念。

第④节 不同环境下汉字教学材料

众所周知，汉字教学的内容十分复杂，包括笔画、笔顺、部件、结构等形的部分，亦包括音和义的部分。而音形义的非一一对应性又增加了汉字教与学的困难。那么，国内外的教材是如何将这么复杂的内容呈现给学习者的呢？目前都有什么样的汉字教学材料可供选择呢？

一、目的语环境下的汉字教学材料

在国内,汉字教学材料是相对丰富的。有的教学机构,尤其是高等院校的对外汉语教学部门,常常将汉字教学纳入到综合课教学范畴内,特别是针对初级水平汉语学习者的汉字教学。一般综合课教材会在课后附有本课汉字的笔画笔顺示范,如《速成汉语基础教程》《汉语教程》等。另外,专门的汉字课本也颇具规模,据李香平(2011)统计,1990年到2010年仅北京大学出版社、华语教学出版社、北京语言大学出版社三家出版社出版的针对留学生学习汉字的教材,包括汉字练习本、教学参考书就达43种,主要以纯纸质版为主,部分教材配有多媒体光盘或磁带,但只是"利用声像来演示字词的读音、展示字形"。基本上这类教材均按照笔画、部首或者结构对基础汉字进行分类讲解,也就是介绍汉字知识特别是构形知识。有的会辅以图画、古汉字等帮助学习者理解和记忆,如《汉字书写入门》《汉字速成课本》等。但是,李香平也指出,这类汉字教材主要是针对初级汉语学习者的通用型材料,针对性较弱。除了教材之外,随着电脑、网络普及,在线学习的动画笔顺展示、有图有汉字有发音的主题词卡等也是学习者的好帮手,这些在国家汉办的官方网站以及各汉语学习网站都不难找到。当然,目的语环境下,招牌、广告、报纸、新闻等等生活中无处不在的汉字也是学习者的学习材料。虽然内容形式不一,但是国内的汉字教学材料基本都采用简体汉字进行教学。

二、非目的语环境下的汉字教学材料

与目的语环境不同,在非目的语环境中,首先失去了铺天盖地的汉字环境,汉字教学材料的数量也就显得相对匮乏。但是,汉字学习材料的形式却并未因此减少或者显得贫乏。以美国为例,一方面,汉语教材中一般有专门的汉字版块,比如在北美地区使用范围极其广泛的《中文听说读写》(Integrated Chinese),除了在课本的简介部分附有较为详细的部首笔画讲解外,还配有专门的汉字练习册供学生进行描摹和练习,练习册也采取了国内常见的笔画分解的形式进行笔顺展示。另一方面,也有针对特殊学习者的集中识字教材,如贯彻"直接认字教学法""先认后写、多认少写"的《马立平中文教材》系列。该套教材共20册,主要针对海外华裔儿童学习者,1到6册利用故事、儿歌、谜语等直接对学习者进行识字训练,第7册才介绍拼音,之后开始引入繁体字、教授字典查字法、电脑汉字输入法等，到第14、15册学习《西游记》简写本……形式可谓丰富多样。其汉字密集、复现率高的特点，也得到很多周末中文学校师生的认可。同时，海外丰富的网络资源和开阔的思路也在汉字教学材料上有所体现，比如某网站将基本汉字全部做成四帧的故事图片，使学生在读故事的同时学习汉字；某公司利用触摸屏技术，使学习者可以通过移动屏幕上的内容随意组合汉字部件……但是，这些较为新颖的汉字教学形式在实际教学中的普及和应用还是亟待解决的问题。另外，在形式丰富的背后，美国的各个教育机构在繁简汉字问题上也存在一些差别，目前的现状是"美国大学各中文教学项目往往有不同的汉字政策，有的是先繁后简，有的是先简后繁，有的是繁简并用，有的是识繁写简……"，"两种字体都教的美国学校占67%"（王晓钧，2004）。

马立平教材系列中文

《马丽平中文教材》二年级课文

相比较而言，国内的汉字教学材料系统性、全面性、通用性的特点较为明显，但是简体字的地位是牢固不可动摇的；而国外则在借鉴国内传统教学材料的基础上又有较多创新，也由于教学对象性质单一，在针对性上显得更强一些，但是繁简之争仍旧存在。

第 ⑤ 节　目的语环境下汉字教学方法与学习策略

一、目的语环境下汉字教学方法与学习策略

上世纪九十年代前后，随着对外汉语教学事业的发展，汉字教学越来越引起研究者与教学者的重视。1997 年国家汉办举办的对外汉字教学研讨会以及之后的几次国际性的汉字专题讨论会更使得汉字教学基础理论研究、教学实践研究成为对外汉语研究领域不可或缺的组成部分，尤其是汉字教什么、怎么教的问题一直是讨论的重点问题。总的来说，在汉字教学上，研究者和教学者的一致意见都是无论认读还是书写，都按照由高频到低频，由少笔画到多笔画，由独体字到合体字的顺序进行。

具体到汉字教学模式上，大致可以分为"随文识字"和"集中识字"两种情况。前者就是将汉字教学纳入到综合、口语、听力等相关课程，特别是综合课上，在进行语音、语法等方面讲练的同时进行相关的汉字教学，所学汉字就是课文中出现的。而后者则是通过独立的汉字课，对汉字按照偏旁部首等一定顺序进行编排，课上集中讲解汉字的基础知识，对汉字进行专项练习，以达到认读和书写的目的。

二、字理分析法

无论是随文识字还是集中识字，在实际教学实践中最常用的方法就是字理分析法。有研究者通过对《汉语水平词汇与汉字等级大纲》中的 2906 个汉字进行逐一分析后，得出结论："至今大约 90% 的常用汉字是有理据可讲的。"（姚敏，2011）所以利用字理分析进行汉字教学是有据可依的。还有研究证明，利用汉字理据，可以大幅度提高人均综合识字量（李大遂，2011）。所谓字理分析，就是从传统的文字学入手，参照"六书"理论，通过分析汉字的偏旁或者部件、结

构，特别是汉字的义符，强调汉字表意文字的特点，帮助学生了解汉字构造，理解字形和字义之间的关系，从而达到识记的目的。例如，讲独体字的时候可以向学生展示甲骨文中"⛰"就是"山"；讲合体字时，向学生解释带"冫"的汉字一般与"冷"有关，然后引出有相同偏旁的汉字"冰、冷、凉"；带"扌"的字通常与"手"有关系，如"打、找、扫、挂"，等等。在汉语母语教学领域以及对外汉语教学领域，这是运用最为广泛、最基本的教学方法之一，也是中国最传统的汉字教学方法。除此之外，教学上还普遍使用拼音识字法、以语境带字、形近字辨析、使用识字卡片、大声朗读课文等具体的教学技巧和方法（本书后面章节将对此做详细阐述）。

三、目的语环境下汉字学习策略问题

在国内，研究者除了关注如何有效地"教"汉字之外，也越来越对如何有效地"学"汉字——汉字学习策略问题产生了兴趣，并试图把这些学习策略作为汉字教学的一个组成部分教授给更多的学习者，以提高汉字教学的效率。

江新、赵果（2001）对初级阶段外国留学生汉字学习策略进行的研究结果显示，在其抽取的六项认知策略中，留学生最常使用的是整体字形策略（即注重汉字整体形状和简单重复），这与杨锐（2005）的研究结果一致。除此之外，较多使用的策略分别是音义策略（即注重汉字读音和意义）、笔画策略（即学习笔画笔顺并且按照笔画笔顺书写）和复习策略（即对学过的汉字进行复习），然后是应用策略（即应用汉字进行阅读和写作）。而在元认知策略上，最常使用的就是监控策略和计划策略，前者是对汉字学习中出现的错误进行自我监控，并对学习进展情况进行自我评价，后者是制订汉字学习的计划以及要达到的目标。该研究也证明，由于动机强烈，汉字圈学生比非汉字圈学生更加经常使用"计划"这一元认知策略，也就是更能为自己制订明确的汉字学习计划，比如每周学习多少个汉字、什么时候能读书报、什么时候能写常见应用文等等。

在此研究基础上，两位研究者又对这些策略中哪些最有效进行了调查（赵果、江新，2002），结果表明，应用策略虽然并不是学生最常使用的汉字学习策略，但是它与汉字识别、书写成绩都显著相关，也就是该策略用得越多，汉字学习效果越好。相反，字形策略虽然是学生最常使用的，但与汉字书写成绩负相关，即该策略用得越多，汉字书写成绩越差。这说明，"长时期地、过多地依赖机械练习会有负作用"。

这两项研究提示教学者,不但要重视怎么教授汉字知识,更要教会学生如何学习汉字,也就是要教学生汉字学习策略。具体地说,应该鼓励学生多多使用汉字,比如,用汉字记笔记、写便条,多阅读汉字等等,而不应该过多地强调大量重复描摹、为了记汉字而记汉字。这些研究结果都可以为海外汉字教学提供一定的理论参考。

第 6 节　非目的语环境下的汉字教学建议

一、教学指导思想

虽然目前海内外在汉字教学的很多方面存在较大的差异,但很多具体方法与技巧可以通用或者互相借鉴。特别是汉字音形义分离的基本特征决定了有些内容是必须纳入教学范围内的,比如笔画形态、笔顺规则、汉字构形规则、汉字认读规律等基础知识。另外,汉字教学方面符合语言习得规律的一些思想也应该得到贯彻,比如由成字多的部件(如"氵""艹")到成字少的部件("夕""幺")、由少笔画字到多笔画字、由高频字到低频字等;再比如某些有效的、可行的汉字学习策略,如应用策略等。基于此,有研究者提出,海外的汉字教学启蒙阶段"应该要求学生可以书写自己的名字、年龄等几十个汉字,笔顺、间架安排基本正确;可以认读或推测出常见标志招牌"(杨锐,2005)。

当然,非目的语环境下的汉字教学存在其特殊性和复杂性。由于海外汉字使用范围有限,学习者在进行课堂学习之后很难得到有效的应用,故而遗忘快,很多学习者常常对汉字学习的目的抱有怀疑态度,持有"会说汉语就足够了"想法的学习者不在少数。这就要求教学者必须通过各种方式使学习者发掘汉字在其生活中的"有用性",明确汉字学习的重要性,了解其中包含的深厚的中国文化底蕴。另外,由于汉字认、读、写方面公认的难度,也使得教学者必须考虑由简入繁、分散难度,不断激发并保持学习者兴趣,使学习者不断感受到进步,维持汉字学习的动力。同时,非目的语环境下学习者特征、学习目的各异,教学环境、教学时间也互不相同,这也决定了汉字教学必须因材因地施教,单一的系统性汉字教学法可能并不能满足其多样性的需求。简单说来,非目的语环境下的汉字教学指导思想可以总结为:明确目的、保持兴趣、因材施教三个主要方面。当然,具体的方法、深度和广度则需做进一步考虑和细化。

二、针对不同对象的汉字教学方案

(一)针对成人的汉字教学方案

在海外,学习汉字的成年人可以粗略分为在校大学生和社会人士两类。前者学习时间固定,具有连续性,在一定程度上需要进行较为系统的汉字教学;而社会人士学习目的复杂,动机不一,有时不能复制全面系统的汉字教学方法。具体说来:

在时间与课程安排上,对于在校大学生,可以将汉字作为专题,安排专门课时或者规律性地在每节课辟出专门时段进行。具体可以参照美国佛蒙特大学的做法,在精读课之外根据需要设置独立的汉字选修课,供有兴趣或需要进一步提高汉字水平的学习者选择;而对于社会人士则可以在巩固听说的基础上,穿插汉字知识、书写、认读等方面的教学,不要求系统细致,只求学习者对汉字有最基础的感觉和认知,不使汉字成为其学习的压力。对于生词与课文的学习,可以依赖汉语拼音辅助教学。不论是在校大学生还是社会人士,为了保持其学习兴趣,甚至可以将书法课纳入到汉字教学范畴,这在美国高校以及孔子学院、商业教学机构都有先例。以高校为例,斯坦福大学、北卡罗来纳大学都设置了书法课作为学分课程供有需求的学生学习,书法课上既会介绍汉字知识、进行书法练习,又会对书法作品进行艺术分析,这种既有理论简介又有互动、实践的授课形式很受欢迎。在孔子学院,书法课更是成为吸引学生了解中国文化、继而进入到汉语学习阶段的一大利器。

在教学重点上,非目的语环境下的汉字教学应更加强调汉字认读,对书写的要求不应过高过快。利用电脑打字就可以帮助学生在巩固拼音基础上,增加汉字认读量,使学生尽快进入到汉字应用阶段。曾妙芬(2007)提出,汉字教学可以从书写汉字部首、了解部首所代表的意义着手,在学生学会汉字基本结构和笔画顺序后,进入"打字识字"阶段,从而"让写汉字不再成为学习中文的最大困难"。当然,这种提法并非要全盘否定汉字书写,而是在非目的语环境下推广汉语并保持学习者积极性的一种解决方法。这对急于使用汉字进行交际,如收发简单的汉语邮件、进行简单网络互动的社会人士而言,可能是更便捷、更易接受的途径;对于需要书写汉字的在校大学生而言,也可以利用这种方法不断复习已学汉字,适当缩短写作训练的时间,从而激发其学习汉语的成就感。另外,少写多认也是解决"汉字难学"问题的一个方法。这在《中文听说读写》中已有所体现,例如,"聊、舞"等多笔画字在生词表中会用灰化的形式呈现,表示不需要学生书写的汉字,这可以在一定程度上减轻学习者练习汉字的负担。对于大部分社会人士而言,根据所用教材和学生兴趣,需要选择最易入手、使用频率最高的汉字要求书写,其他汉字随文识读即可。

在学习策略的教授上,应根据成人学习者的心理特点和学习规律,借鉴已有的研究成果,不断总结新的经验,传授有效的汉字学习策略。例如,强调让学习者多使用"应用策略",如用汉字写假条、发邮件、写海报等等,切实使学生意识到汉字是一种可运用的"工具",而不是纸上谈兵的点缀。再比如,进行汉字教学时学生一般最常采用的是"重复抄写法",但学生在使用这种方法的时候常常心不在焉,一字写错,字字写错。目前已有研究证明,"回忆默写法"是更好的学习策略,即让学生在下笔写汉字之前先分析汉字的笔画、构成,分析完毕再进行回忆式默写,不看汉字;写完以后再对照修改,直到记住汉字(柳艳梅、江新,2003)。另外,"偏旁归类识字法"也是提高汉字书写认读水平的一个办法,即在有一定识字量的前提下,教师帮助学习者,继而要求学习者不断总结同一偏旁的汉字,分批归纳,分类记忆。这些学习策略都可以通过教授,让学习者掌握,从而内化成自己的方法、策略,达到"会学习汉字"的目的。

(二)针对中小学汉语学习者的汉字教学方案

在非目的语环境下,对中小学生,无论是将汉语作为外语选修课的学习者,还是对在周末假日学校的学习者来说,保持兴趣、使其不断获得成就感并能够巩固加深学习者的记忆是汉语教学更是汉字教学的重要任务。在教学中,有很多具体的案例非常实用、有效,既符合中小学生的学习特征,又可使汉字教学兴味盎然。这种开阔的思路很值得学习和借鉴。以下举两个案例:

1. 从明星"身上"学汉字。在美国,汉字纹身被很多人认为酷而时尚,有汉语教师在教授如何运用字典的教学中,就收集了诸多有汉字纹身的明星图片,如NBA球星阿伦·艾弗森(Allen Iverson)所纹的"忠"字,橄榄球运动员肖恩·梅里曼（Shawne Merriman）所纹的"痛"字等一系列汉字，要求学生用字典查出这些汉字的读音、意思，然后用母语讨论为什么他们会把这样的汉字纹在自己身上。如果自己是纹身师的话，会准备哪些汉字给顾客？为什么？要求学生查出并写出这个字。学生对于这种操作性强又好玩的教学活动通常会表现出非同寻常的热情。

2. 图画中找汉字、汉字变图画。一位汉语教师在学生学过一些汉字以后，巧妙地在网络上寻找到了类似如下图片的教学材料，要求学生在最短的时间内寻找到里面的汉字。之后的作业是请学生自行绘制一幅相似的图画，结果，学生作业有"可爱的小马""我很帅"等等，都惟妙惟肖、简洁精到，令人不得不惊叹孩子们的创造力。

（坏小孩）

（美丽的家乡）

当然，对于不同家庭背景的学习者——华裔和非华裔而言，有些教学操作在方法上是应该有所差别的。

对于占较大比例的华裔中小学习者而言，特别是周末、假日中文学校的华裔学习者，其汉字教学的性质是"介于语文教学与语言教学之间"的一种特殊教学，教学原则应该遵循"用汉语分析解释汉字字形结构、用居住国强势语言介绍汉字基础知识、结合课文讲解汉字理据意义、结合语言运用实际设计汉字练习题型、强化汉语阅读训练"（马燕华，2007）。根据这一理论，在教学中，可以首先利用华裔学习者具备一定水平汉语表达能力这一特点，在结束基本的汉字笔画、部件学习后，借助拼音或者翻译开始对其进行集中识字训练。《马立平中文教材》系列是这一方法的典型体现，即通过阅读由短到长的故事、诗歌以至中文原著进行汉字教学，也就是通过大量接触汉字达到认读的自动化，并配合相应的写作作业巩固汉字书写。也可以利用互联网、课外阅读资料等扩大学生接触汉字的机会，不断提高汉字识别能力。当然，利用儿歌、猜谜、游戏等方法加深华裔学生对汉字的印象也是值得采用的。另外，教师还可以充分利用其家庭背景优势。由于华裔学习者不仅能够在课堂上学习汉字，还可以通过家长的帮助学习、练习汉字，制订并监督学生的汉字学习计划等,教师可以请家长与孩子共同完成一些汉字读、写的作业,这种便利是其他学习者无法得到的。当然,在对华裔学习者进行汉字教学的过程中还应该着重总结其汉字学习方面的普遍问题,并采取相应的办法加以解决,例如,同音字的互相替代、形近字的笔画错误、多音字的读音不当等(马燕华,2007),需要由教师设计相应的结构分析、组词等教学环节进行纠正。

而对于非华裔中小学学习者而言,则应该循序渐进,不可贪多求快。教师可以充分借助学习者母语为其介绍汉字的基本知识,逐步引导学习者进行书写和认读,并在教学中采取各种方法保持学生学习的积极性和主动性。虽然有些教学方法在正统的汉字教学方法中受到一些诟病,但在实际教学中却发挥了一些积极作用,比如"编故事"的方法。教学实践中我们看到,有中小学生在学习"燕"的时候用第一语言给出了这样的故事:"一只燕子口中含着一根草,从北边一点一点飞到南方。"这个故事不但得到了教师的极力夸赞,也使其他学生很快记住了这一汉字的意思、读音和写法,我们可以由此看到孩子的想象力对学习汉字的促进作用。

当然,对中小学汉语学习者而言,华裔和非华裔在同一年龄阶段上均具有相同的特征,根据这些特征,有的教师还总结了汉字教学其他可行的方法:比如"在环境中融字"(学习环境中的物品均注有汉字)、"在活动中玩字"(设计各种游戏吸引学生学习汉字)、"在生活中找字"(充分利用可能存在的中文资源,如超市、中文节目等)(毛瑾,2008)。这些都是在教学过程中值得借鉴和学习的。

第 ⑦ 节 小结

无论是在国内还是在海外,无论是理论研究还是教学实践,汉字教学都可以说是对外汉语教学的薄弱环节(万业馨,2009;李大遂,2011;印京华,2003,等等)。很多现实的问题,比如,形声字的音符如何合理教授、如何最有效地记忆并保持所学汉字、对不同的学习者什么阶段学习什么样的汉字并达到怎样的水平、使用电脑打字的方式对于汉字的记忆和保持有怎样的影响等等,都是需要进一步研究的。

汉字教学的基本思路与教学方法

第4章

汉字教学要解决的两大问题是识记和书写，本章主要从这两个方面介绍教学的基本原则与教学方法。当然，由于教学对象不同，不同院校对汉字教学的目标和要求也各有不同。我们的教学原则、理念与方法也许并不一定适用于所有学习者，教师可根据实际教学情况进行调整。

第 ① 节　汉字识记教学

一、汉字识记教学的基本原则

前文已经提到，汉字教学的基本理念是多认少写，那么，如何能够帮助学习者识记大量的汉字呢？汉字识记的规律是什么？不同的汉字结构，其构字方式、识记方法也有所不同。下面我们先谈谈汉字识记的基本原则，然后再介绍一下汉字识记教学的思路。

（一）由整体到部分再到整体顺序识记

我们知道，笔画是汉字最基本的结构单位，书写汉字时是从笔画开始"一笔一划"地写，书写顺序应该是笔画——部件——整字。但是在识记过程中，这个顺序应该是相反的。就像我们识别一个人的外貌时，首先看的是整体轮廓，即第一步先依据整体轮廓判断出这个人是张三不是李四，而不是先分析他的眉眼口鼻的具体形状。识记汉字也是如此，我们需要先帮助学生熟悉整体字形，而不是先把一个汉字拆散，分析这个字是几笔几画，某个笔画是撇还是竖，然后让学生记住。这就好像给孩子看一个由不同形状的积木堆起的图形，在孩子还没有建立起对这个图形的整体认识时，突然推倒，呈现给孩子的只是一堆散落木块。我们可以想像，在此情况下让孩子将其复原是何等艰难，也许一下子就把他吓跑了。

在汉字识记教学中，我们建议首先由整体识记到部分识记，首先通过大量辨识练习，辨认整字，建立字形与字义间的联系。比如，看到"我"这个字，知道其表示的意思即可，不必同时记住这个字到底是由多少个、哪几种笔画组成的。

（二）从形义联系入手识记汉字

汉字是表意体系的文字，形义之间具有关联，这一点与表音文字有本质不同。象形字、会意字、指事字及形声字的形符都体现了汉字形义之间的关系，因此从汉字的形义联系入手有助于培养学生对汉字的兴趣，并提高汉字的识记效率。

如在识记"木、本、体"这几个汉字的时候，首先要在字形"木"和它的意思"树木"之间建立联系，在最早的甲骨文中，写作"✲"，看上去就是一幅树木的图画，表意功能非常明确，属于典型的象形字；"本"字，在金文中写作"ᴥ"，在小篆中写作"ᴥ"，表示树的根部所在，后来引申为"事物的基础或主体"的含义，是一个典型的指事字；而我们在识记"体"字时，则完全能够采用"望字生义"的方法，对于一个人来说，最基础、最根本的是什么呢？是身体，由此，学习者就易于理解"体"字的字形和字义的关系了。虽然经过了几千年的演变，字形已经发生了改变，但是细查其脉络，却是万变不离其宗，尤其是汉字的本义，大部分还能找到造字之初表意的理据性。

（三）独体字和部件识记优先

在整个汉字系统中，有90%都是合体字，独体字的数量仅占10%，而合体字又是由独体字组成或由独体字演变而来的，偏旁和独体字的数量都是有限的，这就意味着只要学习者能够识记独体字和偏旁，再根据这些构字部件来识记合体字，就会大大减轻汉字识记任务量。仍以"木、本、体"三个字的识记为例，首先，我们可以要求学生先识记独体字"木"字，在此基础上，识记加了一笔的独体字"本"字，最后再识记合体字"体"字。由于有了理据性，这些独体字与合体字之间的关系不是离散的，而是层层关联的，在识记时就会容易得多。

部件是组成合体字的基本结构单位。我们中国人在分析一个汉字字形的时候，常常用部件来表示，比如"汉"这个字，我们一般会说：左边是三点水，右边是一个"又"字，这其中就包含了对"氵"和"又"这两个部件的认知。而对部件的认识建立在识记独体字的基础之上，因此，外国人学习汉字时，认识了独体字之后，可以优先识记由独体字发展而来的部件，或者也可以将独体字和偏旁同时识记，这样更有助于学生了解偏旁的意义。比如学了"金"这个汉字，就可以把由它简化而来的"钅"教给学生，学生就能够了解这个偏旁是"金属"的意思，那么再遇到有"钅"的汉字，首先就会了解包含该偏旁的汉字的基本意义范畴应当是金属;学习了"心",可以把由它发展而来的构字部件"心"和"忄"介绍给学生,通过常用例字,帮助学生理解"思、想"是用"心"的,"您"表达尊敬的感情,因此也用"心";"情、忧、忆"等都是与情感有关的词,因此左边有"忄"。此类合体字的部件在识记优先度上仅次于独体字。

(四)通过结构认知识记汉字

汉字从字形上说是一种立体结构的文字,具有立体结构的特性(张旺熹,1990)。每个汉字无论有多少个部件,最后写出来都要求是一个方块。合体字是由部件组成的,而部件在汉字中的位置则是由结构决定的。那么,构成汉字的各个部件在汉字中处于什么位置,不但对汉字书写很重要,在识记认读的过程中也有非常重要的地位。在前文中曾经提到,我们在识记汉字的时候,常常用"左边是什么,右边是什么""上边是什么,下边是什么"这样的表达方式,可以说,在汉字识记过程中,建立对汉字"结构"的认知也是相当重要的。

汉字的结构简单地说,可以分为以下几类:左右结构(如"汉")、上下结构(如"草")、包围结构(如"国")。其中左右结构又包括了左中右结构(如"树"),上下结构又包括了上中下结构(如"意"),包围结构中则又包含了半包围结构(如"远"和"同")等等(见本书第1章第4节"汉字的结构")。这只是简单的二分法,实际上,在教学中我们可以对一个汉字进行多次分解,比如说"楼"字,是左右结构的汉字,左边是"木",右边是"娄"。但大部分的学习者对"娄"这个部件(在"楼"这个汉字中,"娄"是声旁,有一定的表音功能)比较陌生,他们比较熟悉的是"米"和"女",因此,在部件分解的教学过程中,学生们常常说"左边是木(字旁),右边的上边是米,下边是女"。这样的分解就是二次拆分,由于拆分后的部件简单易学,比二分法更适合学习者掌握,因此我们认为这种拆分在教学实践上也很有意义。

二、汉字识记教学的基本思路

按照由"大"到"小",再从"小"到"大"的识记顺序,我们可以将汉字识记分为整字识记——结构识记——部件识记——笔画识记——部件识记——合体字识记六大步骤,每一步都可以根据需要设计一些有针对性的练习。这一节中我们只介绍基本思路,至于具体的教学方法,将在本章第3节"汉字教学十五法"中进行详细的介绍。

（一）整字识记

整字识记包括形、音、义三个方面。识记教学需要从这三方面入手。但设计练习时可以有所侧重，比如有的练习侧重于字形，有的练习侧重于建立形义或形声联系。

1. 字形辨识

字形辨识的重点是帮助学生认识目标字，即把握目标字字形特征，进一步的要求是"辨"，即辨别形近字。不管使用哪种练习方法，字形辨识的首要任务是让学生对汉字有一个整体印象，至于这个汉字的音、义可以暂时忽略。比如说，看到"今"这个汉字，在学生对该字的笔画、结构等尚无理性认识的情况下，只要他们能够认出这个汉字就可以。一般来说，帮助学生辨识字形时，教师们较常用的方法是利用汉字卡片进行认读练习，或者让学生在一组汉字中找到目标字。

2. 形、音、义之间的系联

系联法主要用于汉字识记教学，形义系联是指在字形和字义之间建立联系。汉字识记的最终目的不仅仅是记住汉字的字形，而是要掌握字形和字义两个方面，这样才能有助于阅读理解，汉字识记也才有意义。

除了字形、字义之间的系联之外，字音与字形之间的系联也至关重要。见到一个字，记住字形了，也知道它什么意思了，更进一步的要求是能够读出来，说出来，因此也要求建立字音与字形之间的联系。

（二）整字结构识记

1. 结构辨识

人们第一眼看到一个汉字时，最容易记住的大概就是基本结构了。在汉字教学中，教师可以设计专门的结构识记练习，帮助学生建立汉字的结构意识。可以采用以下方法：将生字写在卡片上，给学生展示一下后马上放下，让学生凭记忆说出基本结构，比如是左右结构还是上下结构等；也可以先在黑板上展示出一些结构，让学生看生字后指出该字是哪种结构。

2. 结构归类

整字结构识记的另一个思路就是结构归类的方法。汉字的结构从大的方面来说只有两类：独体字和合体字。独体字的结构需要用前面说的辨识法来识记，而识记合体字的结构，采用结构归类的方法效果更好，识记效率也更高。具体的方法请参看本章第3节。

（三）部件识记

根据认知心理学理论，人脑储存信息是以模块方式来处理的，随着经验的增长，模块单元可以增大，记忆能力也随之增强。这一理论应用在汉字教学中，就表现为部件教学法。

利用部件教学的原则是充分利用汉字的可分析性和部件的音、形、义特征，提高汉字识记的速度和质量。在部件的拆分上，不必太细化，能构成独体字的不再拆分部件，以独体字为单位整体识记。

1. 部件识记与独体字识记的关系

成字部件本身就是独体字，非成字部件大多由独体字变形而来，因此部件识记与独体字识记的基本思路大致相同。以上所提到的象形字与指事字的字形辨识、形义系联等方法同样适用于部件识记。教师在帮助学生识记独体字时，可以同时教学生该独体字在作为部件时的构字作用。因此，独体字教学中优先考虑构字能力强的独体字，比如"人（亻）、口、手（扌）、木、日、月、心（忄）"等，然后教由它们组成的合体字。

2. 部件识记的特殊性

虽然说大部分部件来源于独体字，然而部件依然具有其特殊性。比如说有些非成字部件很难说是从哪个独体字变来的，即使从字源上分析能够找到与之相通的独体字，对于目前的部件识记也没有太多实用价值，如"宀、阝"，有的部件则是独体字在构字时出现的变体（如"手—扌、心—忄"等）。正由于具有特殊性，部件识记也有不同的教学方法。

（1）形近部件辨析

在常用的部件中，有一部分形状相近，非常容易混淆，因此需要在识记过程中对它们进行辨析。比如"日—月""广—厂—疒""木—禾""攵—夊""氵—冫"等。具体的辨析方法本章第3节将进行详细介绍，教师可以根据需要酌情选用。

（2）部件归类

部件归类有两方面的内容，一方面是对成字部件本身进行归类，与独体字的归类方法相同，根据其字源上的理据性进行划分。第二个方面是按照部件对合体字进行分类，比如挑出一组汉字中部件不同的字，把一组字按照不同的部件分组等方法，都属于部件归类。

（四）笔画识记

在学生对整字字形、结构以及构字部件有了一定认识之后，再进一步细化到笔画识记。

1. 简单笔画识记

汉字的简单笔画数量很少，第 1 章第 5 节中提到目前统一的说法是只有五种"横、竖、撇、点、折"，其他的笔画都是从这些基本笔画演变而来的，识记的难度较小。不过从汉字教学的角度来讲，我们认为还是把"捺"和"点"、"钩"和"折"分开更好，因为对非汉字文化圈的学习者来说，它们之间本来就容易混淆，如果合成一个大类，恐怕辨析的难度就更大了。因此我们在教学中，可以沿用"点、横、竖、撇、捺、提"六种基本笔画加"钩、折"两种手法的观点。笔画识记的具体方法包括找到一组汉字中相同的笔画（简单、笔画少的汉字）、找出一组字中笔画不同的汉字等等。

2. 复杂笔画与简单笔画的关系

六种简单笔画加上两种手法，构成了汉字笔画系统的基础。汉字字形笔画无论如何复杂，都是由这些基本笔画有序叠加、相接、相交来串联而成的。笔画看似杂乱无章，却也是有法可循的。

3. 形近笔画辨析

在复杂笔画中，有些形状非常接近，容易混淆。教师可以对这些笔画进行辨析，特别是在形近字中，这些形近笔画具有非常重要的区别性特征。具体的方法也将在第 3 节中介绍。

第 ② 节 汉字书写教学

虽然目前的汉语教学界强调"先语后文""认写分流"的教学原则，可是并不意味着放弃书写。识记是输入过程，书写是输出过程，识记是书写的基础，书写反过来也能促进识记，巩固识记。学习者只有通过书写，才能真正认识和理解汉字的结构规律特点，比如汉字的结构、独体字及构字部件的形态、形声字中形旁和声旁的作用、形近字的辨析等等，都要通过书写才能得到巩固。

一、汉字书写教学的基本原则

（一）循序渐进

书写汉字对于非汉字文化圈的学习者来说，不是容易的事。其实不仅对外国人是这样，中国的孩子一般两岁左右就开始识记汉字了，而真正书写汉字则要到上小学以后。在汉字书写教学中，需要遵循先易后难、循序渐进的原则。具体来说：1. 笔画书写先于部件和整字书写。笔画书写是汉字书写的基础，点、横、竖、撇、捺、提，加上钩和折，构成了汉字笔画系统，复杂的笔画是由简单的笔画构成的。只有掌握了笔画的写法，才有可能书写汉字。2. 部件和独体字书写先于整字和合体字书写。掌握了笔画书写，就可以把笔画接合成部件和独体字了。部件和独体字书写也应当由简单的写起，先学习书写笔画少的独体字和部件。3. 合体字书写由简到繁。掌握了常用的独体字和部件，合体字的书写就不是难题了。不过，现在很多学校的汉字教学还是随文识记和书写，学生不得不在学习汉字之初就练习书写像"谢、我"这样笔画繁多、结构复杂的字，应该说这是违背由简到繁、循序渐进的教学规律的，容易使学生对汉字产生畏难情绪，失去兴趣与信心。

（二）笔顺规则习得优先

笔顺教学是汉字书写的基础。在学生学习完基本笔画书写之后，就应当把笔顺规则教给学生，使学生一上来就对笔顺规则有个正确的认识。由于我们是在识记一段时间汉字之后开始书写教学的，学习者会很快了解笔顺规则在不同汉字中的不同体现，对特殊的笔顺规则也能够较快掌握。因此，在书写教学中，笔顺规则教学要优先进行。

（三）重视汉字整体结构

汉字整体结构的重要性，我们在识记教学部分就已经进行过阐述，在书写教学中，整体结构具有更为重要的意义。在识记的基础上，要求学习者在书写时一定要注意以下几个方面：第一，汉字整体上是方块字，所有的汉字书写时都应当放在一个方格中；第二，汉字的结构主要有上下结构、左右结构、包围结构和特殊结构，书写前就应当对汉字的结构有正确认识；第三，合体字书写时，应当注意部件在汉字中的位置，不能左右颠倒，也不能上下错位。

二、汉字书写教学的基本思路

（一）笔画书写教学

1. 笔画书写教学的重点

首先，教写笔画时，也要按照循序渐进的原则，先教基本笔画，后教组合笔画。其次，除了在识记汉字时需要区别相似笔画外，书写时也要注意相似笔画的区分。有一些形近笔画如捺"㇏"和点"丶"、点"丶"和提"㇀"、竖折"𠃊"和竖弯"𠃊"等等，学习者如果不加以注意，书写时就容易出现错别字，因此要求教师对于形近的笔画要尽可能予以区分。第三，对于一些笔画，教师可以向学生介绍其在汉字中的基本位置，例如"平撇"常常出现在字的最上面，如"千、手、毛、看"等；"短撇"经常出现在左上角，例如"牛、失"等；"长撇"则往往出现在左边，如"月、用"等。第四，要求学生注意相同笔画的排列位置，比如"图"字，里面的两个点上下排列，而不是一左一右，而"学"字上面的两点是并排的。

2. 笔画教学的方法

（1）展示笔画

在展示笔画的过程中，一定要按笔画的书写方向动态展示。如果是教师书写示范，可以在黑板上写两遍，第一遍要求学生先观察教师书写的运笔方向，第二遍再让学生边看边模仿。为什么要特别强调运笔方向呢？我们在教学中发现，有很多学生虽然笔画看上去对了，可是运笔方向完全不正确。比如"提（㇀）"的运笔方向应当是从左下到右上，可是很多人书写时方向完全相反，从右上往左下写，这样写出来的不像是"提"，更像是一个"长点"，虽然也许不影响辨别，可是这样书写出来的笔画，不能算是达到了"准确、整齐"两大基本要求。

笔画展示也可以用多媒体手段来进行，目前最好的方法是用多媒体动画展示。

（2）展示例字

笔画是汉字的基本构成单位，笔画教学不能脱离汉字进行。需要让学习者在汉字中认识笔画，了解汉字中笔画的结合方式，因此在笔画展示认读之后，要选择一些典型的、构字能力强的独体字、部件或者构词能力强的例字，便于学习者掌握。

（3）笔画书写

在教师展示笔画、学生认读笔画时，已经对笔画书写有了初步的认识，之后就要求学生练习书写笔画。教师要仔细讲解每一个笔画的运笔方式，比如：写"横"时一定是从左往右，写"提"时从左下向右上，等等。同时，教师一边说，一边再次展示笔画的书写方法。

（二）笔顺教学

1. 笔顺教学的方法

（1）笔顺的展示

① 跟随式展示

跟随式展示法，就是教师利用板书、多媒体、田字格本等多种手段，把汉字的书写过程一步一步地展示出来，如：一二三手、ㄧ ㄑ ㄓ 比，等等。可以采用板书或多媒体动画展示。

② 笔顺标注

有的教师在展示笔顺的时候，为了节约时间和空间，采取标注法来展示笔顺。具体方法就是在汉字每一个笔画的旁边标注书写过程中该笔画出现的序号。如：

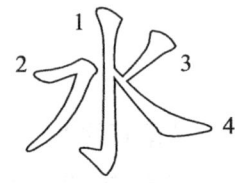

（2）自主标注

上面我们说到展示笔顺时可以采用教师标注笔顺的方法，在笔顺教学中，也可以让学生自己来标注笔顺，之后教师对于普遍性的错误进行纠正。

（3）指认

教师给学生一个汉字，要求学生指出其中某一笔画是第几笔，或者汉字中第几笔是哪个笔画。也可以给出一组有共同笔画的汉字，说出它在每一个汉字中是第几笔。

（4）辨别正误

教师给出一些汉字的笔顺，让学生判断笔顺是否正确，如果发现错误，请学生改正过来。当然，笔顺还是用跟随式或者标注法展示。

（5）笔顺临摹

教师在田字格本里用跟随式展示法把汉字的笔顺一步一步地写下来，然后让学生也在田字格本上进行临摹。这种练习适合用于自学，课堂上教师介绍相关规则并做示范，课后要求学习者进行临摹。实践证明，这种方法对笔顺学习有很大的帮助，大部分学习者也很喜欢做这样的临摹练习。临摹也有两种形式，一种是教师写完以后，后面（或下面）留出空白田字格，让学习者照上面的笔顺写，如：

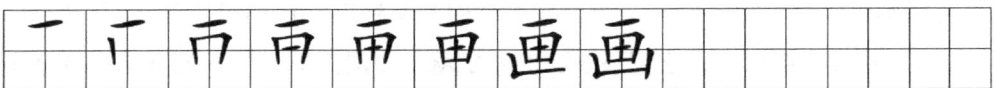

另一种形式则是教师写（也可以用电脑制作）空心汉字，让学生一笔一笔地描红，如：

2. 笔顺教学中应当注意的问题

（1）笔顺教学的必要性

笔顺的重要性体现在以下两个方面：第一，笔顺错误可能导致写错别字，如把"那"的左边写成"月"就是忽视了其笔顺，如果先写"丁"，最后写"丿"就一定不会错了。第二，笔顺正确能够使汉字写得又快又好。笔顺对于汉字的整体结构有非常大的影响，先写的笔画通常都有定位功能，在方格中，第一笔的位置对整个汉字最终是否书写整齐美观有非常重要的作用；另外，从运笔的角度来说，按照笔顺规则书写是最为自然和流畅的。比如"心"字的正确笔顺是 ，左边的一点确定汉字在整个方格中的位置，具有定位作用，因此是第一笔，之后从左到右顺着笔势来书写，笔画与笔画之间的距离容易控制，整体结构也容易把握，因此具有艺术的美感。如果我们把顺序打乱，不但容易写错，而且难以保证美观。第三，有很多汉字中包含相同或相似的部件，这些部件的笔顺往往也是相同的。这样，当学生掌握了其中一个部件的笔顺后，举一反三，其他相似部件的笔顺也就融会贯通了，同时也有利于增加部件识记量。

（2）笔顺教学对教师的要求

要想教好笔顺，首先要求教师自己对于汉字的笔顺非常熟悉。有些教师自己不注意笔顺规则，还有些教师对于笔顺不够重视，在书写时有时把两笔写成一笔，比如"了"字，很多人板书出来像是"3"。在这方面，教师一定要严于律己，才能真正教好学生。我们的建议是教师平时养成良好的习惯，要求自己笔顺准确。对于自己不太有把握的字，建议查一下《新华写字字典》或者《现代汉语规范字典》。这两本工具书也可以推荐给学习者，作为他们笔顺学习的重要工具。

（三）汉字结构布局

汉字结构布局对于书写汉字也有非常重要的意义，如果结构布局不合理，结果可能不仅仅是写得不好看，甚至有可能因此写错字。比如说"日(rì)"和"曰(yuē)"这样一组汉字，它们最主要的差别就是布局上的不同，尤其是在方格中所占比例和所处位置有所不同。

1. 知识介绍

（1）部件在汉字中的位置

构字部件在汉字中的位置决定汉字书写是否正确。比如我们前面多次提到的"楼"字，是一个"田"结构的汉字，属于左右结构的次结构，如果部件放置错误，就会写出"婁"或者"委"这样的"怪字"来。再如"起"字，是一个"匚"结构的字，属于包围结构中的一个次结构；"走"的最后一笔"捺"应当延长到"己"字的下面，很多学习者把它写成左右结构"起"，就是由于对部件在汉字中的位置不够明确。

（2）部件在汉字中的比例

不同结构的汉字，每个部件在方格中所占的比例、所处的位置都有不同，比如说"谢"是"左中右"结构，每个部件所占比例是三分之一，"朋"字是左右结构，两个部件各占二分之一。不过并非所有结构类似的汉字都是如此，一般来说，如果左边或者右边是不成字部件，占的比例就相对小一些。比如"汉"字，书写的时候"氵"不能占满方格左半边，最好只占到三分之一，如果写得太大，就会失去美感。正确的空间分配如下图所示：

上下结构的汉字也是如此，如果不成字的部首在上面，往往也只占三分之一的位置，如下图所示：

（2）教学方法

对于初学汉字的学习者来说，在结构教学中，"方格"是必要的书写工具，不管是笔画、部件、独体字还是合体字，都应当在方格中书写。我们建议教师在做示范时就使用方格，可以是简单的方格，也可以是田字格、米字格或者九宫格。每个笔画、部件及每个汉字在方格中的位置都应当注意。学习者只有熟悉了汉字的结构以后，才能够慢慢掌握不在方格中写汉字。

应当注意的是，在方格中书写汉字并不意味着每个汉字都要把方格占满，上下左右留出适当的距离并不影响汉字的方块字效果，反而会增加美感。

（四）整字书写

以上我们强调了汉字书写教学过程中笔画、笔顺及结构的重要性。然而，不管采用什么样的学习策略，汉字书写的最终目的都是整字书写。传统的重复抄写法和临摹法就是整字书写的方法。目前在西方国家汉字教学法中比较流行的回忆默写法，虽然目的是整字书写，但是在回忆的过程中运用的是部件书写教学的方法，严格来讲，不算是整字书写法。

第 ③ 节 汉字教学十五法

由于汉字的识记和书写对非汉字文化圈的学习者来说是一大难题，必须通过形式多样的课上练习和自觉有效的课下复习，才能真正掌握。这一节，我们主要介绍一下汉字教学的具体方法，这些方法有些适用于识记，有些适用于书写，有些方法对于识记和书写都有帮助。另外，有些方法比较适用于自学，将在讲解中予以注明。

一、辨析法

（一）字形辨析

在本章第 1 节讲到"整字识记"时，我们曾经提到过字形辨识。教师可以利用汉字卡片帮助学生记住字形，也可以利用多媒体展示。常用的方法是，教师先展示带拼音的汉字（一般为词语），待学生在字形和字音之间建立初步联系后，去掉拼音，让学生单独识记生字。

下面给大家介绍一种比较有效又有挑战性的字形辨识方法。教师将当天或一周内计划让学生识记的汉字写在一张表内，每个字可以在表格内的不同位置多次出现。每次课教完目标字后，教师要求学生在规定时间内，将表中的目标字圈出来，看谁圈得最快、最全、最准确。

例1：请十秒内在表中找出本课学习的"今"和"天"

见		大		
比	北	天	上	天
必	人	风	今	风
人	今		是	大
……				

例2：在字表中快速找出与所给汉字相同的字

今

见	必	今
比	北	巾
贝	令	风

需要注意的是，最初做这项练习时，在表中呈现的汉字尽量是字形差异较大的字，便于学生一眼就能看出来，以帮助其树立信心。当学生能够较为熟练地找出目标字后，就可以循序渐进地加大难度，在表中加入一些形近字，这些干扰字可以不必考虑学生是否已经学过，只要与目标字形似即可。比如与"今"相似的"令"、与"天"相似的"夫、大"等。这样的方法目的在于帮助学生区分形近字，同时慢慢建立汉字的笔画意识，为汉字笔画教学打好基础。

（二）结构辨析

我们在前文中多次强调结构在汉字教学中的重要性，结构辨析可以采用第1节提到的方法：一种是将生字写在卡片上，给学生展示一下后马上放下，让学生凭记忆说出基本结构，比如是左右结构还是上下结构等；第二种方法是先在黑板上展示出一些结构，让学生看生字后指出该字是哪种结构。

例1：指出下面的汉字分别是哪种结构

起　　妈　　安　　国　　思

A▭　　B▯▯　　C☐　　D└┘

参考答案：D　B　A　C　A

结构辨析的第三种具体操作方法是给出一种结构（或图示），让学生写出两三个相同结构的汉字。

例2：写出下面结构的汉字（每种两到三个汉字）

上下结构 ▭：

左右结构 ▯▯：

全包围结构 ☐：

参考答案：

　　上下结构：意　思　您……

　　左右结构：你　对　汉……

　　全包围结构：国　图　回……

（三）部件辨析

部件是汉字识记和书写教学中最基本的结构单位。有很多部件形状相似，部件辨析具有非常重要的作用。

部件辨析也可以采用字形辨析中提到的方法，如：

例1：在下表中快速找出与所给部件相同的部件

氵

亻	夂	冫
扌	忄	木
纟	氵	辶

部件辨析的最终目的在于辨析形近字，因此可以与合体字辨析结合起来进行。

例2：请选出下列各组汉字中部件不同的一个

①给　红　绿　经　忙　练

②江　河　冰　酒　没　活

③吧　吗　吃　喝　明　啊

④忙　快　慢　打　情　慣

⑤打　抽　拉　推　狗　提

参考答案：①忙　②冰　③明　④打　⑤狗

在针对初学者的汉字教学中，应当选择差别较大的部件进行辨析，如上例中的第1、4组，经过一段时间的训练后，可以选择形近的部件进行辨析，如上例中的第2、3、5组。

（四）形近字辨析

以上提到的字形辨析、结构辨析、部件辨析经过一段时间的训练后都可以用于形近字辨析。除此之外，笔画辨析也是形近字辨析常用的教学方法。

1. 含相异笔画的形近字辨析

有一些形近的独体字，区别仅在于一个笔画，特别是相似的笔画。比较容易写错的笔画有：撇和横（千—干）、长点和竖弯钩（贝—见）、捺和点（贝—贝）、横和提（北—北）、捺和竖弯钩（走—走）、竖钩和竖提（刚—刚）、竖钩和斜钩（扌—犭）、竖弯和竖弯钩（四—四）、竖弯钩和横折弯钩（儿—几）、横折弯钩和横折弯（几—几）、竖弯钩和卧钩（心—心）等等。比如"贝"和"见"这两个字，初学者经常由于不了解它们的细微差别而发生混淆，教师可以在黑板上写下这两个汉字（也可以用多媒体展示），并用红色标注出"贝"字右下角的笔画是一个点，"见"字右下角则是竖弯钩，使学生能够做到一目了然。又比如"千"和"干"这两个字，也是学习者常常写错的，尤其是容易把"千"写成"干"，教师也应当标注出这两个字有区别意义的笔画，前者上面是撇，后者上面则是横。

除此之外，常见的形近字还有：

毛—手　　干—于　　天—无　　儿—几　　名—各

在遇到这些相近笔画时，教师应当注意强调一下二者的最大差异点。比如在辨析"儿"和"几"时，应当强调，"儿"的右边是竖弯钩，而"几"的右边是横折弯钩。在课堂上可以采取学生被动辨析与主动辨析两种练习方法，被动辨析就是教师把容易写错的汉字成组板书出来，提示学生容易写错的笔画，引起学生的注意；主动辨析是教师把形近的字交给学生，让学生自己分析它们在笔画上的差异。

2. 笔画组合方式辨析

有些独体字，虽然构成汉字的笔画相同，笔画的排列位置、组合方式却有所不同。对于这些汉字，也要求学生能够进行辨析，这样的形近组合汉字也不少，例如：

九—几　　井—开　　田—由—甲—申　　　未—末
大—丈　　天—夫　　土—士　　八—人—入　　旧—旦

这些形近字组中，有的是交叉与无交叉的关系（如"九"和"几"、"井"和"开"），有的是笔画之间的位置不同（如"旧"和"旦"），有的是笔画长短不同（如"土"和"士"），有的是笔画连接方式或位置不同（如"八""人"和"入"）。教师要把这些汉字（以组为单位）板书出来，标出不同之处并进行强调，比如"井"这个汉字，应当强调"撇和竖上面出头"；认读"士"时应当强调"下面的横比上面的短"；区别"八""人"和"入"时应当强调："人"字撇比捺长，"入"字捺比撇长，"八"字中撇和捺是分开的。有了这些详细的区别和描述，学生在识记这些形近的汉字时就不会混淆了。

（五）多音字辨析

汉语中的多音字很多，是汉字教学最大的"拦路虎"之一，也是困扰外国学生的一个难点。如何帮助他们辨析多音字，也是汉字教学的重要任务。下面举例说明多音字练习的主要方法。

例1：写出下面汉字的不同读音，并分别组词（或短语）

大　得　着　了

参考答案：

大　dà 大小　　　dài 大夫

得　de 写得很好　dé 得到　　　děi 得好好学习

着　zhe 坐着　　　zháo 着急

了　le 好了　　　liǎo 了解

例2：朗读下面的句子并为加横线的字注音

① 书包背在背上。② 我得走了。

③ 她是大夫，在一个很大的医院工作。

参考答案：

① bēi　bèi　　② děi　　③ dài　dà

教师还可以把一组一组的多音字板书出来，让学习者尝试自己用多音字造句。

（六）同音字和读音相近的字辨析

查一查汉语字典，很容易就会发现，跟多音字比起来，汉语中的同音字数量多得无法计算,可是同音字的区别往往是教师们比较容易忽视的。据调查,中国小学生在书写同音字时也会出现错误,但是跟外国学生比起来,错误率要低得多,原因就在于中国人很自然地能够做到字不离词,在词中记字。可是外国学生学习汉字时做不到这一点,书写时常常用同音字代替。比如把"公园"写成"工园","方便"写成"方遍","衣服"写成"一服",等等。因此,同音字的练习也非常重要。

同音字练习的方法很多,常用的方法是选择同音字填空或直接写同音字。如:

例1:选择正确的汉字

① 这是他(的 得 地)书,还给他吧。

② 我在北京(工 公)作十年了。

③ 这本书我(已 以)经看完了。

④ 他(作 做)业还没(作 做)完呢。

⑤ 她学习很努(力 立)。

参考答案:

① 的　　② 工　　③ 已　　④ 作 做　　⑤ 力

例2:根据下面的拼音写汉字

① lì　　　　② xiū　　　　③ zhōu

（　）害　　（　）息　　欧（　）

（　）史　　（　）理　　（　）末

④ shì　　　　⑤ jìng　　　　⑥ háng

教（　）　　环（　）　　银（　）

合（　）　　眼（　）　　（　）空

参考答案:

① 厉害　历史　　② 休息　修理　　③ 欧洲　周末

④ 教室　合适　　⑤ 环境　眼镜　　⑥ 银行　航空

也可以采用让学生给同音字组词的方法来进行辨析。

二、系联法

系联法主要用于汉字识记教学。

（一）形义系联

从造字法的角度上讲，大部分独体字源于象形字和指事字，对于这些独体字，如果字义、字形都没有发生别的大变化，我们不妨利用字源释义的形义系联法来帮助学习者建立字形字义联系。

1. 独体字形义系联

（1）象形字形义系联

在独体字中最直接表达意义的是象形字，因此从象形字入手介绍汉字起源，更容易让学生接受和理解，同时也更有利于培养他们对汉字的兴趣。

象形字的教学主要有两种方式，一是直接给学生呈现几个他们已经学过的简单汉字的甲骨文或金文，让学生猜一下这是什么字。在学生充分发挥了他们的想象力之后，教师告诉他们是什么字。这些汉字一般应该选择真正简单易懂、接近图画、意思与简体字相差不大且象形程度高的，比如"山、月、日、水、门"等字，学生一看字形就基本上能猜出来，一方面增强他们学习的信心，同时也能引起他们的兴趣。不过有时候选择一些字形复杂或者与现在使用的字差别较大的字，将最初的甲骨文与简体字进行比较，往往会引起学生的惊叹，学生会觉得很奇怪，也很有意思，这个时候教师就可以给他们呈现这个汉字的发展历史，让学生明白汉字是怎样一步步演变到今天这个样子的。

象形字教学的第二种方式与第一种方式相反，先让学生识记简体字，之后再展示象形字。这些象形字与简体字之间不但字形有了很大变化，有时意思的变化也比较大，尤其是经过"转注"或者"假借"之后，可能已经不再用于表示其本来的意义了。对于这部分象形字，不要求学生对原始的汉字有特别深刻的印象，只要借助于字源系联，了解汉字的变化过程，从而有助于对简化字的记忆就可以了。比如说"自"这个汉字，最初的象形字像是人的鼻子，写作"𦣹"，如果用第一种方法让学生来猜，他们肯定不可能猜到是"自"，因为差异太大了。对这个字，就可以采用先识记简体字"自"，然后告诉学生，"自"这个汉字的本义是"鼻子"，后来假借为指"自己"，而重新造了一个形声字"鼻"来表示"鼻子"的意义。至于为何要用"自"假借来指"自己"，教师可以告诉学生，中国人说"自己"的时候，有指自己鼻子的习惯。通过这样的展示与说明，学生会觉得又有趣，又容易记忆。

（2）指事字形义系联

指事字的数量虽然不是很多，但在独体字的造字法中具有重要意义。由于指事字非常抽象，学生在识记时的困难也更加突出，因此教师对于指事字的讲解应当具有理据性和科学性，以便学习者顺利掌握。

指事字从字源上来讲有两种：一是纯符号指事字，这些指事字完全是用抽象的符号表示的，例如"上"（⌣）、"下"（⌢），一个长线条之上加一个小线条表示"上"，反之表示"下"；另一类是在象形字上面加一个符号来表示跟这个象形字有关的另外一个不能用象形表示的字，比如：在"木"的下方加上一小横变成"本"（ ），用来表示树木的根部，引申为事物的基础或主体；"刀"的上面加一点，表示刀最锋利的部位，也就是"刃"（ ）；在"口"内加一点，变成"甘"（ ），表示口中含有甘美的食物。

对于第一类指事字，讲解时要相对难一些，由于符号过于抽象，不利于学习者的识记，好在这样的字不多，常见的只有"一、二、三、四、上、下"等，都是简单的汉字；而第二种指事字的识记方法很像是我们后面将要讲到的会意字，有些汉字教科书中甚至直接把这种指事字划归到会意字中去。由于有了已经学过的象形字的识记基础，在教这些指事字时，可以让学生对字义进行想象推断。比如讲了"本"字的字源意义，再见到"末"字，就可以引导学生自己去理解，"木"下面加一横表示"根部"，那上面加一横呢？学生就很容易反应出表示"树木的顶部""枝叶"，这样再联系它的引申义"事物结束的地方"，学生就很容易理解"周末""年末"的意思了。

2. 合体字形义系联

（1）会意字形义系联

会意的特点是用两个或两个以上的独体字根据意义之间的关系合成一个字，综合表示这些构字成分合成的意义。因此，在教授时应首先要求熟悉这两个或两个以上的独体字所代表的意义，然后再对它们所构成的合体会意字进行识记。

①传统解字法

许慎的《说文解字》可以说是从古至今的汉字学专家最信赖的专业著作，许多经典的会意字分析也是从《说文解字》开始流传至今的。《说文》中的会意字，都是从字源上来解释的，因而具有较强的理据性。例如"宝"字，在甲骨文中写作" "，表示屋子中既有"贝"（表示金钱）又有"玉"（表示珍宝），合起来表示珍贵的东西。虽然简化字中少了"贝"字，不过"宀"和"玉"这两个字素依然能够分别表示"房子"和"珍宝"的含义，在汉字教学中很有价值。再比如"好"这个字是由一个"女"和一个"子"组成的。在甲骨文里的字形是一个妇女抱着一个孩子（李乐毅，1992），表示一个孩子的诞生，这是一件好事，让人高兴的事，好的意义就是从这里引申出来的。通过这样的说明，学生就会理解为什么"女"加"子"意味着"好"。

前面我们提到的两个会意字，构字的部件不同，叫作"异形会意字"；还有一种常见的会意字，比如"从、林、比、多"等，是由两个相同的部件构成的，叫作"同形会意字"，这些会意字在《说文》中也都有详细的字素分析。"从"表示一人在前面走，另一个人跟着在后面走，合起来的意义是"跟随"；"比"字在甲骨文中的字形像两个人一前一后并靠着的样子，本义是"并列"；在"多"这个字中，"夕"表示的含义是"肉"，两块肉叠放在一起，表示数量多。

通过字源入手的解字法，很多会意字能够找到造字的理据，对于学生记忆汉字有相当大的帮助，但是这种字素分析法不是万能的。由于几千年来汉字的不断演变，相当一部分会意字已经很难用传统解字法进行分析了，或者即使能够进行分析，也不一定有助于学生识记，有时反而会增加学习者的负担。这一方面是因为相当一部分会意字的本义和现在的常用义相差很远或者已经完全没有关系。另一方面，有些会意字虽然意思没有变，但是字形的变化太大，也已经很难进行传统的字素分析，比如"宿"这个汉字在甲骨文和金文中的字形分别为"⌂"和"⌂"，按照传统的解字法，应当分析为"在一所房屋里，一个人躺在竹席上睡觉"。只是甲骨文中"人"字在左，金文中"人"字在右，而简化以后的"宿"字中，已经完全找不到"席"的形象了，如果依然使用传统解字法，不但没有帮助，反而可能会给学习者造成记忆负担，因此需要教师探索适合现代简化字的字素分析方法。

②新说文解字法

正因为传统的解字法有相当大的局限性，一些学者提出了"新说文解字"法。第2章第3节中列举了对一些字的字形"新说"。"新说文解字"是一种流俗文字学的字理阐释方式，在汉字教学中对提高学习兴趣、调节课堂气氛以及帮助识记汉字具有传统说文解字法所不及的效果。当然，这种方法要规范、合理地使用。网络上曾经有一篇分析汉字的文章，摘录如下：

沉浸字海，每写"答"字就忍俊不禁。总觉那是人的五官，上面是眼和眉，中间是个大鼻子，"口"字大张，如有所语。或喜或怒，全看写时笔画轻重。"笑"字好玩，不论怎么写，都是一个人在咧嘴乐，而且鼻子都乐歪了。"哭"就不妙了，乃是狗叫，还是两只狗在叫，真是要多烦人有多烦人，怪不得人们都不愿意

哭呢，一哭就不是人了。（摘自"当代汉诗观止"网 www.newchinesepoetry.com，作者依米花）

"新说文解字"法的核心是分析字形字义可因人而异、因字而异，只要能够帮助学习者记住汉字就是好方法，甚至有些不是会意字的汉字也可以用新说文解字法来分析。比如有位汉语教师是这样帮助学生记住"嗓"这个汉字的。她说：

有三只鸟站在树上，为什么说是三只鸟呢？因为它们发出了"又又又（呦呦呦）"的叫声，它们在树上做什么呢？在张着嘴唱歌。小鸟嗓音很动听，所以用这个汉字来代表"嗓子"。

学生们听了，都觉得很有意思，很快记住了这个汉字，后来他们再看到这个汉字，都忍不住会发出"又又又"的声音。

"新说文解字"法在汉字研究界之所以一直没有得到广泛接受，最主要的原因在于这种方法有时用会意法分析形声字。例如"嗓"这个字，从字源上讲是个形声字，左边的"口"是形旁，右边的"桑"是声旁，跟鸟的叫声完全没有关系。可是从"实用"的角度来说，能帮助学生记住这个汉字，同时能够调节课堂气氛，也未尝不可。

有些通过"新说"对汉字所做的解释，在实际教学中已经得到广泛接受，并相对固定下来了。比如上文提到的"宿"字，传统的解字法不利于记忆，在识记过程中把它解释为"一百个人住在一个房子里，就是宿舍"。这样解释虽偏离了字源，可是有利于汉字识记，也不失为一种方法。但是我们还是建议教师最好说明这不是该字的本义，以免造成误导。

（2）形声字形义系联

形声字中表意的部件（可能是成字部件，也可能是非成字部件）叫作"形旁"，也可以叫作"形符"。我们利用汉字形体的可分析特点，有意识地将同形符的汉字系联到一起，可以充分体现汉字作为表意体系文字的特点。这种方法的优点是一个形符能够系联出一长串汉字。例如以形旁"氵"为线索，我们可以系联出"湖、漂、汽、清"等典型的常用形声字，同时还有一些经过演变后声旁读音发生变化的形声字，如"江、满、浅"等等。这些汉字现在大部分都还跟水有关系。

在形旁系联法中，对于形旁的认知是一个极其重要的环节。形旁可以跟相关的独体字一起识记，但是并非所有形旁的独体字都是常用的，而且有的形旁找不到与之对应的独体字，因此在使用形旁系联法之前，建议教师把常用的形旁及其所表示的意义、常出现的位置总结出来。

下面我们就以"月"这个形旁为例讲一下形旁系联法。之所以选择这个形旁，是因为这个形旁表示三个不同的意义，而且更常用的意义不是从象形字"月"发展来的，讲起来难度更大一些。

大部分以"月"为形旁的汉字是从"肉"变形而来的，主要表示人体的相关部位、人体内在器官和跟身体有关的某些特征。其中表示人体相关部位的形声字有"腰、腿、胳、脑、脸、背"等等；表示人体内在器官的形声字有"肝、胆、肠、脾"等等，"肚"是一个多音字，读四声"dù"时表示的是人体相关部位，而读三声"dǔ"则表示人体内在器官；表示与身体有关的某些特征的形声字有"胖、胀、肿"等等。值得注意的是，表示人体义的形旁"月"在汉字中通常位于左侧，但也有例外，比如"背、肩、肾"等等。

还有一部分以"月"为形旁的字跟"月"的本义"月亮"有关。由于月亮有圆有缺，可以表示周期变化，因此这部分有"月"的形声字多与时间有关，比如"期、朝"等等，这时"月"常出现在右边；也有的跟月亮的特点有关，比如"朗、朦、胧"等等，都是常见的形声字。

"月"的第三种意义是从"舟"演变来的，想必是在汉字演变的过程中出现了误写误传的现象，由于极为特殊，在系联时稍做解释就可以了。

对于"月"这个形旁，在系联时一定要提醒学生注意形旁的不同意义，由于第一个意义（表示"肉"）更常用，一定要牢记，第二个意义（跟"月亮"有关）也要让学生了解，并能够区分这两种情况，第三个意义（"舟"）除非学生特别问起，否则完全可以忽略。

（二）形音系联

在汉字识记过程中，要求学生记住汉字的"形"，只是整字识记的第一步。在汉字的形状与声音之间建立联系，也就是"读"出汉字，是汉字识记教学的更高一级目标。

1. 独体字、会意字形音系联

尽管形声字在全部的汉字中所占比例很大，然而在初级常用的汉字中，独体字却不容忽视。由于独体字大部分源于象形和指事字，与声音的关联基本没有规律可循，因此也成为教学的难点，教师可设计多种练习方法，帮助学生在常用的独体字、成字部件与读音之间建立联系。会意字也是如此，字形与读音之间的关联只能通过反复的练习才能建立起来。

2. 形声字形音系联

由于形声字的特点是形旁表义、声旁表音，在识记教学中可以把同声旁的形声字系联起来，通过声旁快速识记汉字。比如我们以"青"这个声旁为线索，能够系联出"清、晴、睛、情、静、精"等常用形声字，以"曼"为线索，能够系联出"慢、漫"等常用形声字，以"主"为线索系联出"住、注、柱"等常用字，由于这些形声字都是非常典型的，识记时不需要太多解释，学习者也易于掌握。声旁系联的原则是由已经学过的常用字系联出没学过的字，已经学过的字由学生自己总结，没学过的字由教师提示，并解释字义，帮助学生识记。

另外，进行声旁系联教学时，应先教声韵调全同的字，如：奂—换/唤，青—清；再教声韵同而调不同的字，如：方—访/房/放；然后再教其他声韵调部分相同的字。

由于几千年来汉语语音的发展演变，有很多与本字读音相同的声符已经不能完全记录该字的读音了，比如"江（jiāng）"字，声旁是"工（gōng）"；"海（hǎi）"字，声旁是"每（měi）"，声旁与本字读音完全不同；也有些读音部分相同，如"扭（niǔ）"字声旁是"丑（chǒu）"（韵母部分相同），"垃（lā）"字声旁为"立（lì）"（声母相同）。即便如此，声旁与字音相同或相近的仍占大多数，因此声旁系联起码能够缩小学习者识记汉字时记音的范围，甚至可以猜测到汉字的读音范围。俗话说得好：识字不识字，先认半个字。这句话是有一定道理的，看到不认识的合体字时，如果手头没有字典词典，可以先试着用它的声旁来读它，即使有字典词典，如果学习者还不会使用部首检字法，那么在字典里找到与它的声旁相同或相近的读音，也很有可能找到它。

（三）综合系联

综合系联是指形声字形音系联和形义系联的综合运用，事实上我们在教学实践中识记形声字时最常用的也是这种方法。这种方法以形义系联为经，以形音系联为纬，这样，学习者每识记一个形声字，就能带动出两串汉字来，形成以形旁和声旁为基础的汉字网络。这样更有利于学习者认识汉字的系统性，从而找到汉字学习的规律，解决汉字识记难的问题。

以下我们以几个常用形旁和声旁为例，展示汉字系联后的网络（表格中为空的，表示不存在相应的汉字）：

声旁＼形旁	纟	氵	木	亻
交	绞	浇	校	佼
工	红	江	杠	
主		注	柱	住
可		河	柯	何

在形声字综合系联的过程中，会出现不太常用的汉字，如上表中的"绞、浇、佼、柯"等（带阴影的汉字），教师可以只让学生做读音联想练习，不需要说明字义，其他常用字不但要猜测读音，还要根据形旁猜测义类。另外，对于"校"这样的多音字，读"jiào"和"xiào"都是形声字，前者不太常用，后者很常用，建议教师在系联后分别加以说明。

三、归类法

（一）结构归类

在教学中，教师可以利用相同结构归类法帮助学生识记汉字。具体方法是：教师给学生一组字，让学生按照结构进行归类。

例：找出下面一组字中结构相同的汉字

医　好　区　思　只　听

参考答案：

左右结构：好　听

上下结构：思　只

包围结构：医　区

也可以给出结构提示，让学生按照提示归类。需要注意的是，做汉字结构归类练习时，不要给学生过于复杂的结构，例如左右结构不必再分为左中右结构等等，以免加大学习者的记忆负担。

（二）笔画归类

对于笔画不太多的汉字，我们可以让学习者按照汉字中的某一主要笔画对一组字进行归类识记，这种识记方法对于形近字的识记非常有效。

1. 根据其中的某一笔画为汉字归类

例：请按照提示把下面汉字中有相同笔画的放在一个方框中

刀 见 贝 巾 马 九 可 司 丁

参考答案：

丿	儿 见 刀 贝
乚	儿 见
亅	可 丁
乛	刀 巾 司
㇕	见 贝 马

2. 写出包含某一笔画的汉字

在学习笔画书写后，可以让学习者做根据笔画写汉字的练习，由于这项练习自主性、开放性较高，因此不主张写太多，两三个典型的汉字就可以了。这种练习是针对汉字书写设计的。

例：写出包含有笔画"竖弯钩（乚）"的汉字（2—3个）

参考答案：电 毛 见

3. 找相同笔画

在学习笔画时，由于部分笔画的相似性，学习者很难区别它们，因而出现误认误写的现象，因此，找相同笔画的练习对于学习者来说，也具有非常重要的作用。这也是笔画归类的一种方法。

这种练习的操作方法主要有两种，一是给出一组汉字，要求学习者找出它们中相同的笔画，并摹写出来。第二种是教师给出一组汉字，让学习者找出其中不同的一个。

例1：找出下面汉字中相同的笔画，并用红笔摹写出来

力 刀 办 习 卫 勺 的 书

参考答案：横折钩乛

例2：找出下面一组汉字中与其他汉字不同的一个

毛 电 巴 已 见 七 无 世

参考答案：世，别的汉字都有竖弯钩乚。

（三）独体字及部件归类

1. 归类识记

汉语中的独体字及相关部件，在构字过程中大部分都有理据性，因此可以

分类识记。比如与人有关的"手、足、目、心、士、身"等；与物有关的，如"门、舟、车、金"等；与自然有关的，如"竹、雨、马、毛"等。

上面我们讲到的独体字的分类，是一级分类，还可以进行细分，比如与人有关的独体字及部件还可以分为"人体类"（如"人、儿、女、子、身、立"）、"器官类"（如"口、耳、目、见、自"）、"四肢类"（如"手、足、走、止、爪"）、"语言类"（如"言、欠"）、其他类（如心理类、鬼神类）等等；与物有关的可以分为"工具类"（如"力、斤、戈、车"）、"衣物类"（如"衣、巾"）、"房屋建筑类"（如"户、穴、门"）、"器皿类"（如"酉、皿"）等等；与自然有关的可以分为"植物类"（如"竹、瓜、木、米、禾"）、"动物类"（如"犬、牛、隹、角、羽"）、"天文类"（如"夕、雨、日、月、风"）、"地理类"（如"山、田、土、石"）等。教师可以根据汉字教学的需要自己分类，也可以设计一些练习（如挑出不同类的汉字等）让学生分类。

用归类法识记独体字的优点是系统性强，一个独体字或者部件可以带出一串来，比如学到了"口"字，可以带出其他表示人体器官的独体字"目、耳、自、手、足"等；缺点是独体字总量大，分类标准不易掌握，有的独体字不容易归到某一具体的类。因此，建议教师在教学时，只针对构字能力强、非常典型、容易分类的独体字进行识记，以免加重学生的学习负担。

2. 添部件组新字

有很多汉字拥有相同的部件，不同的部件加上相同的部件能够组成不同的汉字。这是一种同时适用于识记和书写的归类法，练习方法有两种，一种是教师给出不同部件，让学习者为它们加上一个相同的部件，组成不同的汉字。

例1：忄 犭 氵 讠 目 日 +（青）　──→　情 猜 清 请 睛 晴

　　　对 交 木 反 目 +（木）　──→　树 校 林 板 相

　　　寸 力 井 云 车 首 元 +（辶）　──→　过 边 进 运 连 道 远

　　　马 子 乃 也 口 且 未 +（女）　──→　妈 好 奶 她 如 姐 妹

另一种练习方法则是反其道而行之，给出一个部件，让学习者添加不同的部件组成不同的汉字，这种练习特别适用于形声字的练习，给出声旁，让学习者添加不同的形旁。

例2：青　──→　情 猜 清 请 睛 晴

　　　主　──→　住 注 柱 拄

　　　曼　──→　慢 馒 漫

　　　反　──→　饭 板 返 扳

3. 根据部件写汉字

这种方法是目前汉字教学中最常用的练习方法之一。在学习了偏旁部首后，可以运用这种练习方法对所学汉字进行归类，方便学习者识记。这种练习可以在汉字课上进行，也可以融汇在日常教学中。有的教师在教室里贴上几张大表，表上是常用偏旁部首，每一个偏旁部首后面都留有足够的空格，每天学完生词后，都让学生把今天学过的新字填在空格中，学生们都很喜欢这种练习方法，每天只要生词学完，他们都争先恐后地主动要求到教室后面为这些新字找到它们的位置。半年下来，大表上的汉字数目相当可观。这样既利于学习者熟悉汉字的偏旁部首，又方便时常复习。

在汉字课上，这种练习也可以用比赛的方式进行。教师把学生分为若干组，给出几个常用偏旁部首，在规定时间内看哪一组写出来的汉字最多。比赛时写出来的汉字教师都要求学生会读，知道意思，以免学生生造汉字。可以写出来以后让学生注音，也可以组词。不过对于学生自己想像出来的生字，教师可以给学生简单解释，也可以让他们根据声旁来猜猜读音，这样，这些字也会渐渐成为学习者识字量的一部分。

例：用所给的偏旁部首写汉字，看谁写得多（每个偏旁给2分钟）

纟：

木：

口：

扌：

氵：

对于这种练习方式，需要注意一点，由于学习者并不能准确区分汉字中哪一个部件是部首，特别是成字部件（如"木、口、女"等），因此不用强求学生写出来的一定是以这些部件为部首的汉字，只要是汉字中的一个部件就行。比如说写带"口"的汉字时，很多学生会写出"语、高"这样包含有"口"这个部件的汉字，应该也算对。

（四）会意字的归类识记

会意字的特点就是把两个独体字结合起来组成意义相关的新字，其构字部件都是有意义的。因此，会意字的归类识记主要是按照意义相同的部件进行归类。如"家、安、字、灾、宝、宿"等会意字中都包含"宀"这个部件，表达"与房子有关"这一构字意义;"好、妇、婚"等字都与"女"有关,归属于同一字义范畴;而"休、体、信"等会意字则与"人"有关。

例:请为下面的会意字归类

家　好　沙　休　妇　安　泪　信

参考答案:

家　　安:与房子有关,"宀"。

沙　　泪:与水有关,"氵"。

妇　好　安:与女性有关,"女"。

休　　信:与"人"有关,"亻"。

(五)形声字的归类识记

对于形声字,也可以使用归类法来进行识记。在教学中使用归类法的前提是学习者已经掌握了常用部件,并且对形声字的规律已经有了一定的认识。具体的方法就是给出一组形声字,要求学生按照相同的形旁或者声旁进行归类,相同的部件可以由教师提示,也可以让学生自己归纳。另外,还有"找不同"的方法,让学生找出一组汉字中具有不同特点的一个。

例1:根据形旁为下面的汉字归类

江　红　河　草　们　但　经　苦　何

氵:江　河

纟:红　经

亻:们　何

艹:草　苦

例2:根据声旁为下面的汉字分类

河　芳　远　性　们　何　姓　问　完　房

可:河　何

方:芳　房

元:远　完

门:问　们

生:姓　性

例3:找出下面每组字中不同的一个,并说出原因

① 注　油　温　汗　城　湖

②清 请 情 快 晴 睛
③换 抽 持 抱 搞 校

参考答案：

①城，形旁不同，其他字形旁都是"氵"。
②快，声旁不同，其他字声旁都是"青"。
③校，形旁不同，其他字形旁都是"扌"。

四、拆合法

（一）笔画与独体字拆合

1. 笔画拆合

笔画不太多的独体字，可以在学生能够辨析整字后，将其拆分为单个的笔画，化"整"为"零"。在拆分之前，先利用整字帮助学生分析其中的某些笔画，然后给出一些包含这些笔画的独体字或部件，让学生尝试自行拆分。需要注意的是，开始做拆分练习时，一定要选取笔画较少的汉字，否则拆得零零散散不利于记忆。学生可以经过拆分练习，知道汉字中的每一个笔画是什么，一共有多少个笔画。特别是对于笔画相似但是又有区别的汉字，使用笔画拆分法比较有利于学生区别它们。教师可以要求学生把一个汉字中的笔画一一拆分出来，主要目的是加深对笔画组合方式的认识。这种练习可以在课堂教学中使用，同样也可用于课下自学。

例1：请将下列汉字的笔画拆分出来

王 天 不 木 六 欠 力 九 很 家

掌握了基本笔画以后，还可以对汉字进行笔画拼合的练习，以进行汉字识记。笔画拼合练习有两种形式，一种是定向练习，教师把一个汉字中所包含的笔画展示出来，要求学习者把它们拼成汉字，并正确读出汉字。这种方法是拆分法的逆向训练，同样适用于笔画数不太多的独体字。比如我们给出"一 丿 丶 、"（横、撇、捺、点）四个笔画，让学生组合成汉字，这样能够拼出"太、犬"这两个汉字；"丿 乙"（撇、横折弯钩）能够拼出"九"和"几"。

例2：把下面的笔画拼成汉字

┌ ┬ ┬ ┬ ┬ ┐（试）　　┌ ┬ ┬ ┬ ┐（乐）

另一种方法则是开放式练习，教师给出一些笔画，学习者可以根据自己的汉字量以及对笔画组合方式的掌握程度自由组合，看谁拼出来的汉字更多更准确。

例3：请用下面的笔画组字，在5分钟内看谁组得多

横　钩⁻：

竖弯钩乚：

横　撇ㇳ：

竖　提乚：

斜　钩乁：

2. 笔画与独体字结合的拆合法

把汉字拆分成一个一个独立的笔画不利于记忆，太多太散，因此我们还是要利用简单的独体字（主要是那些理据性强、能够用字源系联法识记的象形字和会意字）来帮助我们识记比较复杂的、笔画较多的独体字。比如说"灭"字，我们可以把它拆分为两个部分"一"和"火"，上课的时候可以让学生边拆边说：上面一横，下面一个"火"字。再如"末"和"未"，教师也可边拆边说："末"字，可以拆分为"木"字上面一长横，"未"字可以拆分为"木"上面加一短横。这样不但能够识记这两个汉字，同时能使学习者体会到这两个形状极其相似的汉字该如何区别。

反过来，我们也可以用笔画和独体字相结合生成新字的方法来帮助学习者快速识记汉字，比如我们可以让学生给"火"直接加上一个"一"变成新的汉字（可控性练习），也可以要求给"火"加一笔变成新的汉字（开放性练习）。"火"字加一笔只能是"灭"字，要是"木"字加一笔，能够得到的汉字就多了，除了我们上面提到的"本、末、未"，还可以得到"术"和"禾"这样并不常用但是构字能力较强的汉字。在常用的独体字中，"日"字加一笔是得到汉字最多的，有9个：白、目、旧、旦、田、甲、申、由、电。这样的开放性练习既有助于学习者掌握常用的独体字，又有利于培养学习者对汉字的学习兴趣。

具体练习方法：增减一笔变新字。教师板书汉字，先让学生认读，再让学生给每个字添上（或减去）一笔，使它成为另外一个字。这类练习教师可以根据学生识字的程度自行设计，目的是为了让学习者注意汉字的结构和笔画，加强对形近字的辨析。

例1：在"大"字上加一笔，可以变成什么字？

参考答案：天　夫　太　犬　夭

"大"字减少一笔，可以变成什么字？

参考答案：人

例2："王"字加一笔，可以变成什么字？

参考答案：主　玉

"王"字减一笔，可以变成什么字？

参考答案：土

（二）合体字拆合

1. 部件拆分

部件拆分是把合体字拆分为两个以上部件的汉字识记方法。会意字的部件拆分法可以与字素分析法相结合。比如一边拆分一边分析什么样的两个或三个甚至更多的部件构成了这个会意字，这些部件分别是什么意思，合起来又表示什么意思。比如"安"字，可以分为两个部件——"宀"和"女"，前者表示房屋，后者表示女人，合起来表示"房子里有了女人，才会真正平安"；又如"嫁"字，可以拆分为"女"和"家"，表示"女孩儿去了别人家，即出嫁"的含义；"家"又可以拆分为"宀"和"豕"，意思是人在房子里养猪，就是家。教学实践证明，学习者对于这种拆分、释义的学习方法非常有兴趣，识记效果也很明显。

对形声字进行部件拆分，可以告诉学生拆分出的两部分哪个是表意的，哪个是表音的。

此外，部件拆分还可以作为以旧带新的识记方法。比如，学到一个生字，整字虽然学生没学过，但教师可以引导学生将其进行拆分，帮助其回忆拆分后的部件是否学过。比如"景"字，可以先让学生说出这个字的结构是什么（上下结构），然后看上边的部分是什么（日），下边的部分是什么（京）。这种练习可以让学生感到其实全"新"的汉字并不那么多，很多汉字是由他们已知的部件经过重新组合形成的，"新面孔"中有很多"老朋友"。从这个角度来说，汉字其实没有那么难，而是越学越容易。

2. 部件拼合

作为部件拆分法的逆向训练，合体字也可以利用部件拼合法来识记。有两种操作方法，一种是比较简单、易于操作、可控性强的拼合法，教师只给出构成某一汉字的部件，让学习者进行拼合，之后说出这个汉字的意思，并拼读。比如我们给出"衤"和"刀"这两个部件，让学生进行拼合。即使学生没有学过这个汉字，也能够根据"衤"一般在左边这个规则（在偏旁识记时教师对此可做提示），拼出"初"这个汉字，教师再给出"chū"这个读音。至于汉字的意思，还可以结合字素来进行分析，左边是衣服，右边是一把刀，表示"开始用刀剪裁衣服"，进而引申为一切事物的"开始"。再比如给出"角""刀"和"牛"三个部件，让学生进行拼合，只有"解"这一个结果是正确的，再给出"jiě"的读音，意思是"用刀把牛的角割下来"，引申为"解剖、分解"。

第二种操作方法比较复杂，只能在学习者已经掌握了大量的部件并且已经有了一些合体字的识记基础之后才能使用。具体方法是这样的，我们给学生提供一些部件，让他们尽可能地把这些部件拼合成会意字。这种方法是开放性的，相对来说不太好控制，优点是学生能够一次识记更多汉字。通过这种方法，一方面能够帮助学生巩固已经学过的汉字，同时又能够扩大他们的识字量。

在合体字的识记过程中，结构是非常值得重视的，需要对汉字的结构再次进行强调。特别是使用部件拼合法识记时，我们要求学生把两个或更多部件拼合在一起，哪个部件在什么位置，应该如何"摆放"，都是非常重要的。比如说"解"字，我们给学习者三个部件"角、刀、牛"，让学生进行拼合，学生必须对汉字的整体结构有所认知，部件的位置才不会错得离谱。为此，我们首先要让学生了解，所有的汉字写出来都是方块，不管如何拼合，最终都能够摆在一个方块里，上下左右都是整齐的，不能左边高右边矮，也不可能右边高左边矮；其次，要让学生了解汉字的三种主要结构（左右结构、上下结构和包围结构），在识记一个汉字时，首先要对结构做一个分析，在拼合时，也要考虑部件的这三种主要位置关系。另外，教师也可以说明哪些部件一般出现在什么位置或肯定不会出现在什么位置，比如"氵、扌"肯定不会出现在右边、上边和下边，"卩"只出现在右边，"阝"可以出现在左边和右边，"攵"一般出现在上边和下边，"夊"出现在右边。"心"字作为汉字部件时，有两种表现形式，一是在上下结构汉字的下部，如"您、思、想"等，保持独体字的原形；二是在左右结构汉字的左边，由于方格中的位置小了，"心"字不得不采用"缩骨法"，变形为"忄"，如"愉、快、慢、情"等。掌握了结构规律，拼字练习效果会更好。

3. 具体练习方法

（1）拼字比赛

拼字是拼合学习法指导下的汉字练习方法，在汉字教学课堂上使用最为广泛，效果也最好，由于学习者大都是年轻的学生，在游戏中学习对他们来说有更强的吸引力。练习的方法同样有两种，一种是定向练习，教师把两个或两个以上部件展示出来（卡片或多媒体），让学习者拼成汉字，并注音组词。如果是容易解释的会意字和形声字，还可以让学生根据部件说说汉字的意思。第二种练习也是开放性的，教师展示一批部件，可以是成字的部件，也可以是不成字的偏旁部首，让学习者在规定的时间内拼汉字，看谁拼得又多又准确。

例1：把下面的部件拼成汉字，并注音、组词

纟 工 ⟶ 红 hóng 红色

宀 玉 ⟶ 宝 bǎo 宝贝

角 刀 牛 ⟶ 解 jiě 了解

女 昏 ⟶ 婚 hūn 结婚

例2：用以下部件组汉字，在2分钟内完成，越多越好

| 女 | 木 | 氵 | 也 | 未 | 及 |
| 乃 | 主 | 目 | 且 | 又 | 子 |

参考答案：

女：她　妹　奶　姐　（奴）　好

木：极　（柱）　相　（权）　样　李

氵：（池）　（汲）　注　泪　汉　洋

（注：加括号的字不是常用字，教师可根据学生的学习需要适当补充讲解。）

需要注意的是，部件拼合法要与形义系联法相结合，否则就只会成为纯形式的"拼图"练习。

（2）拆字组字

这种练习是用拆合法学习合体字的一种开放型练习方法，可以采用比赛的形式进行。教师把全班同学分成若干小组，展示一些学习者已经掌握的合体字，让各小组在规定时间内先把这些字拆成部件，再用这些部件来组合新字，可以是学过的字，也可以是没有学过的，可以通过查字典的方法掌握字音字义。要求各组在写出新字后注音组词，在规定时间内组字多并且注音组词都正确的小组获胜。这种练习方法能够活跃气氛，激发学习者的学习兴趣。

例：把下面的汉字拆分成部件后组新字，注音并组词（5分钟）

说　海　他　动　放　情　妈　推　红　安　过　被

（3）部件搭配

为了帮助学生理解部首，教师可以制作汉字常用部件卡片，把卡片分成两组，一组是部首，一组是非部首部件，让学生自己在两组中分别任意选择一个进行搭配，如果搭配出来的汉字是存在的，并且是学习者已经识记的，比如部首选择"木"，另外一个部件选出"寸"，就可能搭配成"村"（要求学生注意部件在汉字中的位置以及汉字本身的结构）。如果选出来的部件不能搭配，教师则要求学生用这两个部件分别组一个汉字。比如学生抽到"木"和"令"，组合起来不是字，就可以让他用"木"组一个字（比如"杨"），再用"令"组一个字（比如"冷"）。

如果用多媒体来做这个部件搭配练习会更有意思，效果也会更好。我们可以这样设计一个汉字游戏，把多个汉字部件展示在游戏界面中，中间是一个田字格，学生可以尝试把两个（或多个）部件放在田字格中，如果放入的部件能组成汉字并且位置正确，电脑会发出乐音来进行鼓励，并展示出汉字的发音、意思等等，如果拼错，系统就会让部件互相排斥，同时发出声音提示错误。如果学生拼出来的汉字又多，准确率又高，系统会自动进行反馈。这种练习游戏性强，比较利于激发学习者的兴趣。

（4）拼字扑克游戏

这种练习跟前面一种部件搭配练习原理差不多，教师把常用部首写在硬纸卡片上，每张卡片写一个部首，每个部首可以多写几个；同时用不同颜色写一些独体字或不成字部件（非部首）。游戏时，把这些部件反扣在桌子中间，每人摸几张部首扑克，翻开中间的部件，谁手里的部首能跟部件拼成汉字并能正确读出，就得分；拼成汉字后放在自己面前，再摸一张部首扑克，并再翻开下一张部件扑克，如此持续下去，最后面前正确的汉字最多者取胜。

五、以旧带新法

（一）以独体字带动偏旁识记

对于从独体字演变而来的偏旁部首，我们建议采用独体字带动偏旁部首的识记方法。比如我们学了"心"这个独体字，教师就应当马上告诉学生，"心"可以作为很多合体字的部件，它的构字能力是很强的。不过作为汉字部件时，它有两种表现形式，一是"心"在上下结构汉字的下部，如"您、思、想"等，保持独体字的原形，二是在左右结构汉字的左边，由于方格中的位置小了，"心"字不得不采用"缩骨法"，变形为"忄"，如"愉、快、慢、情"等。

（二）形近字引出新字

对于形近字，特别是笔画相近的形近字，可以用已学汉字引出新字。例如学生如果学过"己"字，在学习"已、巳"时就可以用"己"字引出，并进行对比。

（三）复习已学部件，拼新字

这种练习方法是"拆合法"的延伸，有两种具体的操作方法：一是上课时教师可以给出一些部件，让学习者自己练习拼成汉字，可以拼成已经知道的汉字，也可以拼出新的汉字。对于存在的汉字，教师可讲解它的字义，也可以让学习者自己根据部件的意义推测字义，教师对该字的常用度进行简单说明。有些拼出来的汉字虽然存在，但较为冷僻，教师告诉学生这个字存在，不过不用记。第二种操作方法是教师给出一些汉字，让学习者自己先拆分成部件，再进行重新组合，同样可以拼成已学过的汉字和未学过的汉字。如已学过"功、代"二字，现在学习"式"，教师可以板书"功"（左边"工"用红笔写）、"代"（右边"弋"用红笔写），再用红笔写"式"字，还要强调笔顺既不是先写"工"，也不是先写"弋"，而是"一二厂工式式"。

（四）汉字结构以旧带新

汉字结构以旧带新可以有两种方式，一是相同结构汉字的归类，归类的依据可以是第一级结构，也可以是次结构，归类之后引出相同结构的新字。例如已经学过汉字"汉"和"休"，都是左右结构，与"汉"结构相同、偏旁相同，可以引出"注、没"等汉字，从"休"字则可以引出结构相同、偏旁相同的"付、代"等汉字（可结合偏旁教学进行）。同样，如学过"思、安"等上下结构的常用汉字，可以引出"感、察"等较难一些的字。

再如，已学过"谢、新、楼"等字，通过结构归类，可以带出"树、数、指、特"等字，"谢、树"同为▯▯结构，"新、数"的结构为▯，"楼、指、特"的结构则为▯，这些字的结构都是左右结构中的次结构。

（五）同音字引出

汉语中的同音字很多，也是汉字学习的难点之一，教师要让同音字成为汉字学习的工具，用已经经过的同音字跟新的汉字关联起来，例如已学过"青"字，再学"清、轻"时，教师可以板书这三个字，然后指出：这是青年的"青"，这是"清楚"的"清"，这是"轻重"的"轻"，它们的读音都一样。

（六）同义字或反义字以旧带新

用已学词语带出同义词或者反义词，是我们常用的一种生词教学策略，同样，汉字中的同义字、近义字和反义字也可以成为汉字教学的工具，从而达到以旧字带新字的目的。比如我们学习"快"，就能引出"慢"（反义字）；学习"冷"，带出"凉"和"冰"（同时使用"形旁系联法"）；学习"买"带出"卖"字，这两个字也有相同部件。

再比如已学过"胖"字，可以引出"肥"字，教师应当告诉学生，"胖"和"肥"有相同的偏旁"月"，表示的是"肉"义（见前文"形旁系联法"），意思都表示"身体上肉多"，不过，"胖"字只能用于人，"肥"字可以用于动物、服装等等。用这两个汉字我们还可以引出它们的反义字"瘦"字，由于古人认为瘦是一种病态，因此用"疒"。

（七）新旧字组词

我们前面曾经提到过在词语中识记汉字的方法，反过来，用汉字组词同样是识记汉字的好方法。我们看到一个新的汉字，除了讲解字源、字义以外，可以用该字和已学汉字组成常用词语，一方面巩固了汉字，另一方面也积累了词汇，毕竟学习汉字的最终目的还是以字带词，以词组句，最终为成段阅读或书写打下基础。

六、发散识记法

（一）独体字发散识记法

发散识记法是一种开放式的汉字学习方法，其学习效果如何，很大程度上取决于学习者已经熟悉并掌握的汉字量。比如说我们在学到一个汉字"日"时，除了采用前面介绍的象形字的形义系联法来介绍这个汉字以外，还可以鼓励学生在自己的大脑"字库"中找到与"日"相关的汉字，这些汉字可以是形近的独体字，比如"月、目"等，也可以是从"日"演变而来的汉字，比如加一笔是什么（前面我们提到，一共可以串联出9个汉字），加一个简单的部件是什么（如两个"日"是"昌"字,三个"日"是"晶"字;加一个"阝"是"阳"字等等)。通过这种联想记忆,一方面能够帮助学习者尽快识记这个汉字,也能够帮助学习者巩固以前掌握的相关汉字。

(二)合体字发散识记

学生可以把新的合体字拆分成部件,然后进行联想识记。例如我们学习"注意"这个词,其中涉及两个汉字"注"和"意"。教师指着"注"字问学生:这个字有两个部分,分别是什么?学生拆分出"氵"和"主"。教师指着"氵"再问:我们学过哪些有这个部件的汉字?学习者可以从自己已经学习的汉字中回忆包含"氵"的字。同样,教师再让学生说出包含"主"的汉字,从而发现规律:"氵"旁的汉字大多跟水有关系,带有声旁"主"的汉字读音与"zhu"相似或相关。

在联想记忆过程中,学生很有可能说出很多似是而非的字,比如说包含"氵"的,可能会说出"凉、冷"等字,包含"主"的,可能会说出"谁"。这时,教师应该把"凉、谁"板书出来,让学习者通过对比自己找到不同,从而总结出规律。教师不要怕学生说错,重要的是帮助学生分析错误的原因。

(三)综合发散识记法

综合发散识记法应该说是之前我们所介绍的所有汉字识记方法的汇总。具体方法是:教师将当天学到的一个新的部件或者新的常用字板书出来,让学习者写出看到这个汉字时所想到的跟它有关的所有汉字。由于每个学习者的方法不同,发散思维的侧重点不同,因此能够识记不少汉字。

比如当天学习"清楚"的"清"字,教师把这个汉字板书出来,让学习者马上反应,先把自己想到的跟这个字的字形和字义有关的汉字写在本子上,看谁在5分钟内想到的汉字更多,然后教师请大家把这些汉字一一说出来。通过学生充分的联想,可以生成如下所示的一个汉字网络:

```
         清楚(组词法)      →  说 看 听(与"清楚"相关)
清 →    青(构字部件:声旁)→  请 睛 晴 情 精(相同声旁)
         水(水很清)       →  氵(构字部件,形旁)→ 汉 江 河(相同形旁)
         干净(近义词)     →  打扫 洗(与"干净"相关)
```

这种方法可以帮助学生在大脑中构建汉字网络,成组识记汉字。

七、数笔画法

(一) 数出汉字的笔画,并组词

这项练习适用于笔画不多但是不容易找到笔画接点的汉字,特别适用于学习笔画初期笔画识记的练习。另外,也比较适用于相似笔画的区别以及通过数笔画来学习形近字。

例1:数一数下面的汉字有多少笔画,并组词

国:8画 国家

美:9画 美好 美丽

例2:说出下列汉字中哪个字的笔画最多,哪个字的笔画最少,哪些汉字的笔画数一样

广 几 口 心 五 门 久

参考答案:"心"和"五"笔画最多,四画;"几"笔画最少,两画;"广、口、门、久"笔画数一样,都是三画。

例3:数一数下面每一组汉字的笔画数,组词,并对相似部件进行辨析

复:9画 复习
做:11画 做菜

(相似部件:"夂"与"夂")

环:8画 环境
坏:7画 坏人

(相似部件:"王"与"土")

(二) 快速找出汉字的第N个笔画

这种练习方法既是基于笔画的练习,又能够练习笔顺。方法是教师提供汉字,让学习者写出其中某个笔画。具体方法有两种:一是对于较简单的汉字,教师可以直接说出来,让学生快速反应其中某个笔画并写出来(可以采用比赛的方法);二是教师板书汉字,让学生边写边找出汉字的第N个笔画是什么。

例:写出下面汉字的第五个笔画

早 哥 考 都

参考答案:横(一) 竖(丨) 竖折折钩(ㄣ) 竖(丨)

八、联网记汉字

这是根据部件识记汉字的一种方法。汉字中构字能力强的部件很多,除了常作为部首的部件之外,有很多成字部件特别值得注意,它们往往成为一组汉字的中心,加上汉字结构的不同,能够构成一个一个的网络。在练习汉字时,教师可以给出这个中心字,让学生用这个中心字构成不同结构的合体字。

例:

通过研究发现,这些网络往往不是封闭式的,比如上面以"力"为中心的网络中,"力"在汉字上部的字很难找到,只能三面联网,这样也能够帮助学习者熟悉这些部件在汉字中常常出现的位置,找到一定的规律。

九、填空法

填字成词跟单纯的组词相比,有更强的趣味性,也利于提高学习者的兴趣。举例说明主要操作方法:

例1:在下面的方格中填上恰当的汉字,使上下左右都能组成一个词

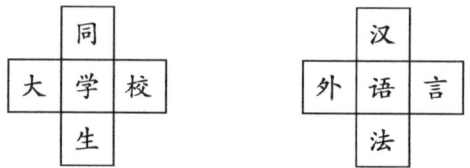

例2:在空格中填上合适的字,使这个汉字能跟左右两边的汉字分别构词
① 学_生_活　　② 中_文_化　　③ 衣_服_务　　④ 气_温_度

例3:在所给汉字的左右空格上分别填上一个汉字,使它们与这个汉字组成两个词
① _大_学_生　　② _完_成_绩　　③ _结_婚_后
④ _飞_机_会　　⑤ _城_市_场　　⑥ _广_东_西

十、听写法

语言学习的四项基本目标是听、说、读、写,因此,在课堂教学中体现

"写"的要求也是至关重要的。大部分教师在综合课（或精读课）的教学中，都会在汉字学习中采用听写法，听写的内容可以是生词也可以是句子。这种方法很简单，但是要注意几点：一是听写的内容不要太多，否则会占用过多的教学时间，而且容易使学生感到厌倦；二是尽量让更多学生有机会在大家面前听写，有的教师每天上课听写都做记录，每天都有几位同学到黑板上去写，或者分组进行听写比赛，这些都是调节气氛的好方法；三是听写后一定要有反馈，对于学生出现的典型错误，要详细讲解，最后要让学生有再次认读的机会，以加深印象。

十一、改错法

改错法也是常用的汉字练习方法，内容包括两方面：一是错字，二是别字。不同的错误类型要用不同的方法。

例1：下面的汉字写错了，你能改正它们吗？

适　　赸　　起　　迎

例1中的字都是错字，原因在于笔画、部件等混淆，因此需要从字本身入手来改正。

例2：下面的词语中都有一个错别字，请找出来，并把正确的汉字写在后面的括号中

以经（　　）　块乐（　　）　经长（　　）　工园（　　）

例2中需要改正的都是别字，特别是同音字，因此要在词中进行改正。

十二、临摹法

临摹法是汉字书写教学的方法。具体操作方法有两种：一种是教师把整字展示出来，学生对该字进行整字临摹，由于汉字教学时间有限，有很大一部分教师采用这样的方法。不管学生笔顺是否正确，也不要求学生对字形进行部件和笔画分析，只注重汉字的整体准确性。例如：请临摹下面的汉字

明									
双									

这种汉字整字书写的方法与中国传统的书法临摹方式类似,注重整字的审美效果。特点是书写次数多,强调重复性记忆。

临摹法的第二种形式比较强调笔顺,我们称之为笔顺临摹或者跟随式临摹。这种方法在本章第 2 节的"笔顺教学的方法"中已经进行过详细说明,此处不再赘述。

十三、回忆默写法

柳艳梅与江新两位学者于 2003 年通过实验研究,提出了汉字的回忆默写法,与重复抄写法的比较结果表明,回忆默写法在字形、字音和字义三个层次上都比机械的重复抄写更有效。两种方法对字词学习记忆的不同影响,主要源于回忆默写法对汉字字形加工的水平更深,并且还采用了元记忆策略。

与临摹法和重复抄写法不同,回忆默写法建议学生在学习汉字时,对汉字进行深水平的加工,教师可以帮助学生对汉字在最大程度上进行有意义的分析,对汉字的分析越精细,学生可能理解和掌握得就越好。这些分析可以包括字形分析,比如看到"如"这个汉字,学生分析出该字由"女"和"口"两部分构成,这两个部件都是学生已经掌握的,进行分析后就可以开始不看这个字,而是根据自己的记忆来默写。写完后再与目标字比较,找出自己书写的汉字与目标字的不同,如果发现有错,则再次进行分析记忆,然后再次默写,直到记住并写对这个汉字。两位专家用下面的简单程序示意图来表示这种书写方法:

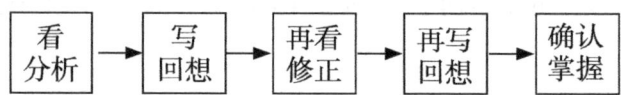

除了对字形进行分析之外,回忆默写法还提出最好能够综合应用字形、字音、字义等多个层面的策略,对形、音、义进行较深的加工,学生就会更容易掌握字词。并且提出在汉字教学之初,就可以利用部件组织汉字教学,在学生没有掌握部件的含义和称谓的时候,汉字学习以部件为记忆单位也可以促进汉字的学习。

十四、字族文识字法

字族文识字法是四川省一些教师和教学研究人员针对小学生识字而创造的教学法,是一种融汉字规律于诗文中的识字方法。它在"选文识字"的编排系统之外，开了一条"因字创文，创文识字"的新路子。这种教学法同样也可以用于外国学生的汉字教学。

字族文识字法的核心是"字族"，所谓字族，就是以一个母体字为中心，加上由母体字派生出的子体字共同构成的字的集合。比如"青"字，是一个派生能力强的母体字，加上不同的部件后，能够派生出其他一些字，如"请、晴、睛、情、精"，这些合体字与"青"一起构成字族，根据这一字族编写成文情并茂的诗文就叫字族文。如：

例1：日出天气晴，河水清又清。早起有精神，睁开大眼睛。出门做事情，处处讲文明。人间有真情，说话要用"请"！（"青"字族文）

在这段小诗里不但包含了该字族中的大部分汉字，而且意思也通过这段字族文连接起来了，既有趣，又实用。为了增强趣味性，还可以把字族文编写成绕口令。再比如：

例2：姚姚果园去偷桃，满树大桃随便挑。

　　　主人来了往下跳，扔下桃子快快逃。（"兆"字族文）

例3：一个小孩叫良良，身上背着一袋粮，

　　　路上遇见大灰狼，大叫一声扔了粮。（"良"字族文）

字族文识字教学法的优点是生动有趣，识字量大，而且强调形近的辨析；缺点是对非汉字圈的汉语学习者来说难度较大，初级水平的学生很难编写字族文，这样就对教师的要求比较高。

十五、猜字谜法

字谜是中国传统的益智游戏，特别是元宵节，各地都有一边猜谜语一边赏灯的习俗，其中就有相当一部分是字谜。字谜在汉语教学中也很有效，只是由于学习者水平有限，字谜要选择相对容易的，尤其是谜面要简单易懂。教师可以选择已有字谜，也可以根据需要自编。另外，要给学生介绍一些猜谜语的技巧。例如有一种常见的字谜"……一半，……一半"，就是要把两个字分别拆分成部件，再各拿出一个部件来组合成新的汉字。"……结合"也是如此。其实字谜练习法跟我们前面讲到的拆合法、增减法都有密切的联系。这样的字谜很多，教师平时要善于收集。猜谜语练习的谜面不妨用学习者的母语解释。下面我们只举几个简单的例子：

① 人有它大，天没有它大。（一）
② 你有他们也有，我没有。（人）
③ 他也走了。（人）
④ 她也不来。（女）
⑤ 你是我心上人。（您）
⑥ 哥一半，你一半。（何）
⑦ 粗细各一半。（组）
⑧ 劳逸结合。（边）
⑨ 一人一张口，口下长只手。（拿）
⑩ 夫人何处去。（二）

汉字课堂教学环节

第5章

第 1 节　汉字课作为专项技能课的教学

在不同教学机构，汉字教学情况不同。有的地方专设汉字课，有的地方则由综合课承担汉字教学的任务，有的地方甚至不在课堂上教授汉字，汉字书写练习由学生课下自行完成。下边先介绍一下汉字课作为专项技能课的教学环节：

一、复习环节

与一般的汉语技能训练课相同，每一次汉字课开始前都应当有复习环节，目的在于巩固以前所学的汉字知识，同时为新课学习打下基础。如下列例题：

例1：写出带有指定偏旁部首和读音的汉字，然后用其组词或词组

例　亻—他（tā）：他们

（1）扌① _____（dǎ）：_____

②_____（bào）：_____

③_____（zhǎo）：_____

（2）牛（牛；牜）

①_____（niú）：_____

②_____（wù）：_____

③_____（tè）：_____

④_____（gào）：_____

（3）彡①_____（cǎi）：_____

②_____（yǐng）：_____

③_____（xū）：_____

（4）冂①_____（wǎng）：_____

②_____（tóng）：_____

③ _____（zhōu）：_____

④ _____（ròu）：_____

例2：把下面几个字的笔画数写在括号内

（1）要（　　）　（2）谁（　　）

（3）我（　　）　（4）蛋（　　）

例3：听写句子（每分钟12—14个字）

（1）我给高教师打电话的时候，他不在家。

（2）十月一号是中国的国庆节。

（3）后天是我朋友的生日。

复习环节的具体内容当视已学内容而定，方法可以多样化。教师应根据复习内容和学习者的水平选取恰当的方法。

二、汉字基础知识介绍环节

汉字知识的介绍是汉字新课教学的第一个环节，由于汉字知识点多，内容丰富，教师要把这些知识合理分配在每一节课中。以下为课堂教学示范：

新课讲授：

1. 汉字基础知识

• 独体字——象形字

① 复习上一次课所学的字，象形字和楷体字连线

口

手

月

人

玉

刀

② 学习新的象形字

山 水 木 马 飞 气 贝 虫

（注：每个象形字展示汉字演变过程，解释汉字的意思，并提示学生联想已经学过的包含该象形字的部件。）

• 合体字——会意字

• 复习已学会意字，拆分成部件并解释意思

- 学习新的会意字：汽——水烧热以后变成的气体。

　　　　　　　　　泪——眼睛里流出来的水。

　　　　　　　　　安——房子里有女人，才平安。

　　　　　　　　　宝——房子里有玉器，当然很宝贵。

（注：每一个会意字都用图片展示各部件的意义，并解释合体字音形义。）

2.常用偏旁部首和汉字

三个偏旁：宀　穴　冖

每个偏旁表示的意义：房子　洞穴　覆盖

常用字：汉字展示　读音　意思　组词　笔顺

三、汉字基础知识练习环节

事实上，练习环节是贯穿在汉字知识介绍环节之中的。每完成一个知识点的介绍，都需要练习巩固。例如，学习会意字后，可以做如下练习：

请把下面的汉字分成两部分，解释一下它们是什么意思

学完偏旁部首，练习的形式就多了，我们在第4章中介绍了很多方法，教师们可以自己选用。

四、综合练习环节

（一）汉字巩固

在基础知识讲练后，应当对当天课上学过的汉字进行系统的复习，练习形式可以参考第4章第3节"汉字教学十五法"。要特别强调汉字的笔顺练习。

（二）短文阅读

在学完后，教师也可以把当天学习的汉字编在一段短文中，让学习者进行阅读、回答问题并进行书写。也可以让学生自己用当天学习的汉字组词组短语，可能的话，还可以扩展成句子。

（三）课后作业

学习汉字，只靠课堂上的学习时间是远远不够的，需要学习者课后付出大量的时间来自学，所谓"功夫在课外"。

以上介绍的是汉字教学专项技能课各个环节的内容。当然，在不同的阶段，由于学习者水平不同，练习内容和方式也应有所不同，不过一般来说都包含这四个环节。

第 ② 节　初级汉语综合课上的汉字教学

一、初级汉语综合课上的汉字教学环节与教学方式

初级汉语综合课是包括听说读写各项技能的综合型课程。在这门课上，汉字的认读和书写是教学重点之一。一般来说，初级汉语综合课的基本教学环节有：复习环节、生词讲练环节、语法讲练环节、课文讲练环节、新课小结环节、下一课生词预习环节等。汉字教学一般穿插在除语法讲练以外的各环节中，结合各环节教学内容确定练习重点与练习方式。

（一）复习环节的汉字教学

综合课上需要复习的内容除了汉字以外，还有生词、语法等，汉字复习可以采用词语、句子认读或听写的方式，较常用的是听写。教师可以在前一天课结束时，让学生准备第二天的听写，由于有足够的时间，在复习时听写不算是很困难的事。听写以后要讲评，如果学生写错了，教师可以展示正确的汉字，并将两者

进行辨析,分析一下错误的原因;如果学生都写对了,也要把容易书写错误的汉字挑出来讲一下,特别是常用的独体字和部件要进行辨析。讲评之后,要求教师带读、学生认读,读是识记巩固的过程,可以加深印象。也有的教师在综合课复习环节不听写,而是采用卡片认读的方法,让学生看卡片读汉字词,这种复习方法主要偏重于汉字识记,不强调书写。

(二)生词讲练环节的汉字教学

在综合课的生词讲练环节,一般是先认读带拼音的词,然后去掉拼音,认读汉字。这是较常用的方法,但是效果不一定很突出,因为大部分学生只是死记字形,很快就会忘记,第二天复习时又得花费比较长的时间。比较好的方法有以下几种:一是通过复习已学过的汉字带出当天要学习的生词,比如我们学过"职员",在学到"售货员"这个词时,让学生先复习"员"字,了解字义,然后再讲新的词,这样学生不但了解了这个词的意思,再遇到用"员"这个语素的词,也能够举一反三了;二是通过已经学过的部件来带出新的汉字,比如我们学过"您、意思",在学习"感"这个字时,就可以进行归类,同属"心"字底的汉字,它们在某种程度上又有一定的联系,一方面可以理解新字,另一方面也能够归纳复习以前学过的汉字;三是对生词中的汉字进行部件拆分,利用会意字和形声字表意或部分表意的特点让学生猜出汉字的意思。

另外,在初级阶段,汉字的笔顺展示也非常重要,教师在板书时,务必要让学生有机会看到笔顺,可以使用跟随式展示,也可以采用标注法,还可以制作汉字练习本,学生课后可以临摹。

(三)课文讲练环节中的汉字教学

课文讲练环节中的汉字教学主要体现在认读中,目前常用的课文展示方法归结起来主要有两种:一种是用听的方法展示,另一种是以读的方式展示。如果采用读的方式展示课文,那就包含了对汉字的认读。另外,即使使用听的方式展示课文,在讲练完成后也要求学生读课文,这也是汉字认读教学的体现。

(四)小结环节的汉字教学

在小结环节中,教师往往会对本课所学的生词、语法及主要课文进行总结。在这一部分,也有必要对新课中所学的重点汉字(特别是常用的构字能力强的独体字和常用部件)进行强调,并布置复习任务,为下一次课上的听写做准备。

（五）新课生词预习环节

综合课生词预习环节一般包括朗读生词（带拼音）、认读汉字（去掉拼音）以及重点汉字的提示，重点汉字的提示可以是拆分部件，也可以是与已学汉字辨析。经过这样的预习，学生在课后自己预习时就能有的放矢，也从这几个方面入手。如果没有任何汉字提示，只是让学生回去自己写，学生只能一笔一画"描"汉字，这样的机械描摹方式，最容易出现的情况是写了很多遍却记不住，越写越没信心。即使好不容易记住了，也是效率低下，事倍功半。

以上我们介绍的是初级汉语综合课上汉字教学常常使用的方式，在不同的教学环节，汉字教学占的比重也不同，听写（复习环节）、生词讲练和下一课预习等环节中汉字教学的比重较高，也不可缺少，其他环节主要体现在认读上。其实，我们一直强调上课时要用汉字板书，或者是汉字和拼音同时出现，都是在帮助学生进行汉字识记，从这个角度来说，汉字教学是贯穿在所有的教学环节中的。

二、综合课（精读课）汉字教学案例分析

下面是综合课生词讲练环节的汉字教学案例。所用教材为《速成汉语基础教程（综合课本）》（杨惠元主编，北京大学出版社，2007年9月出版）第二册第6课。

（一）案例展示

教学目标：对于笔画较多的汉字做到能够辨认，对于笔画较简单的汉字做到既能辨认也能书写，复习已学过的汉字、偏旁及部件。

教学内容：1. 多音字：得 děi/de
             2. 简单汉字：打 扫 干 净 收 拾 洗
             3. 复杂汉字：整（整齐） 糕（蛋糕） 蜡 烛 糟（糟糕）

教学步骤：根据板书生词顺序讲解和复习，时间为10分钟。

1. 讲解和复习汉字

① 得

教师通过"我们以前学过这个汉字吗？读什么？那个句子怎么说"引出第一册第七课句子"下了课还得（děi）复习、预习、做很多练习"。然后说明本课的"得"读"de"。

② 打扫

让学生先看"扌"回忆学习过的"热"(第二册第三课)。

通过复习"手"(第一册第六课)给出提手旁。

打：遮住提手旁，让学生看"丁"，引导学生想"预订"(第二册第三课)的"订"。

扫：遮住提手旁，让学生看右边跟什么很像，可以把"三"连起来或者是把"山"向左转90度。

③ 干净

干：二加一竖"丨"或者"十"上一横"一"。

净：左边"冫"复习"冷"(第二册第三课)、"凉"(第二册第三课)。

右上为"鱼"的上边。

右下为"扫"的右边加竖钩，但中横应更长。

④ 收拾

收：左边为"叫"的右边，右边为"做"的右边。

拾：左边提手旁，右边为回答的"答"(第一册第八课)下边，或者是"给"(第二册第一课)的右边。

⑤ 洗

左边为三点水，什么汉字有"氵"？（汉）。

右边为"先 xiān"或者"牛"加"儿"。

⑥ 整齐

整：上左"朿"，可与"速成学院"的"速"(第一册第八课)建立联系。

上右为"做"的右边。

下为"正在"的"正"(第一册第十课)。

齐：课文的"文"加撇和竖"丿丨"。

⑦ 蛋糕

蛋：上边为"是"的下面，但是别忘了横钩。

下边为"中"加横点，"虫 chóng"。

糕：左边为米饭的"米"，右边上边是"羊"或"一样"的"样"右边，竖不出来，下面四点"热"里有。

⑧ 蜡烛

蜡：左边为"虫"，右边为"对不起，我说错了"中"错"的右边。（注：已学课文）

烛：左边为"火"，右边为"虫"。

2.请学生认读

（二）案例分析

从以上案例我们看出，当课主讲教师非常重视汉字教学，而且运用了多种教学方法，比如第一个词"得"，使用了多音字辨析法；学习"打扫"时，运用归类法（相同部首）提炼了常用部件"扌"和"丁"，又采用联想法复习了已学汉字"热"和"订"；学习"干净"时，也运用归类法复习了包含"冫"的汉字，同时在识记"争"这个部件时注意到了笔画长短和组合方式的辨析；学习"洗"时运用了形旁系联法，系联出多个带有"氵"的汉字；同时，在学习新字时多处使用以旧带新和部件拆分法。

不足之处在于：第一，选学的汉字中，大部分很常用，但个别字不太常用，而且难度太高，不易掌握，如"蜡烛"这两个字。第二，有的字解释过于复杂，比如说"扫：遮住提手旁，让学生看右边跟什么很像，可以把'三'连起来或者是把'山'向左转90度"等等。这种解释恐怕学习者很难反应过来，也很难理解。第三，汉字讲解稍嫌烦琐。虽然汉字教学环节在综合课中很重要，但是不必将所有的字进行系联。第四，有的说法不太准确。比如说"洗"的右边是"'牛'加'儿'"，这种解释很容易误导学生写错字。

第③节 汉字教学中应注意的问题

一、教师方面

（一）加强对汉字教学的重视

有的教师上综合课时，很少练习汉字，甚至不练习汉字，一堂课下来，黑板上满满的只有拼音，一个汉字也没有。这样一来，非汉字文化圈的学习者对于拼音的依赖就更强了。"语文分开"不等于"只语不文"，因此要提醒教师们，在汉语课上,尤其是在综合课上,千万不要忽视汉字教学,这样学习者在以后的学习中才不至于因为少了一条腿而耽误行程。

(二) 提高自身的汉字知识与素养

一位合格的汉语教师,自身必须拥有足够的汉字知识,而且要做到正确书写汉字。但在实际教学中,部分教师自身存在一些问题,以致教师的示范作用不能得到充分体现。归纳起来主要有以下几点:

1. 对汉字基础知识了解不够

有的教师对汉字基础知识的了解不够,在讲汉字时就容易出错。比如,有的教师讲到象形字,认为"本"是一个象形字;有的教师对于汉字的笔顺规则不甚了解,在讲到笔顺规则时往往出现错误;还有的教师对形旁的意义不了解,比如在讲到"月"字旁时,不能区别在左边和在右边分别表示什么意义。

因此我们认为,要想教好汉字,首先要求教师有足够的汉字基础知识,上课的时候不一定要讲这些知识,但是至少要做到学生问到这些知识时,不会随随便便地回答。

2. 缺乏良好的书写习惯

在教学中教师在书写汉字时有时会写错,大部分情况是长期书写潦草引起的笔画错误,比如把"去"上边中间的竖和下面的撇折连起来了,把两笔写成了一笔,也有人把"坏"字左边的"扌"写成"忄",把"李"下面的"子"写成两笔,至于把"了"写得好像"3"的教师就更多了,有的教师甚至把"口"写得像"O"一样。

3. 提笔忘字

由于现在大部分时间使用电脑,教师在书写时有时会出现提笔忘字的现象,有时写出来以后也缺乏自信,总觉得写错了,这是电子化对汉字教学的不利影响。因此提醒汉语教师一定要经常写写字,减少提笔忘字的几率。

二、教学法方面

(一) 注重讲练结合

有的教师汉字知识很丰富,在汉字课上大讲特讲,忽视了与学习者的互动,这也是不恰当的。语言教学强调精讲多练,汉字课也不例外。我们前面所举的案例中，讲完象形字，马上做有关的练习，甚至在讲象形字时，也可以先出古文字，让学生猜是简体字中的什么字（见第 4 章第 3 节"象形字形义系联"），这样讲解才会更有趣，学生也更容易记住。汉字知识介绍应当只是汉字课的一部分，之后还有认读任务，如果整堂课都在介绍知识，就会显得节奏过慢，而且有悖讲练结合的原则，毕竟学生的目的是识记与书写汉字，而不是成为汉字专家。

（二）重视汉字教学与阅读的关系

在汉字教学时，应当注意音形义的结合，同时要重视将汉字教学与组词、阅读等结合起来。有的教师在汉字课上，只重视书写，没有设计更丰富的组词、阅读等练习。汉字识记是为了阅读，因此汉字单项技能课也要落实到短文阅读上，有的教师上了一节课，只教给学生一些偏旁部首、几个汉字，却忽略了用这些字来进行阅读训练。

（三）练习得法，注重提高效率与趣味性

很多学生不喜欢汉字，是因为练习方法单一，有时候甚至给学生造成了很大的负担。有的教师上课不怎么讲汉字，下课以后要求学生一遍一遍地用汉字抄写课文，由于他们对汉字缺乏必要的了解，只能一笔一画地描，结果事倍功半。多样的练习方法才是提高学习者学习兴趣的有效手段。

另外，书写练习除了单个汉字的书写之外，词语、句子甚至是短文的书写也是提高书写能力的手段。在汉字单项技能课上，也应当要求学生下课后用学过的汉字写句子或短文，以促进读写能力的全面提高。

初级阶段汉字书写错误分析与对策

第6章

对于非汉字文化圈的学习者来说，学习汉字的关键是初级阶段，因为在这一阶段，汉字学习的困难最大、最突出。到了中级以后，学习者基本上找到了汉字学习的规律，对于汉字的笔画、笔顺和部件系统都有了较为明确的认识，在书写上就不会有太大障碍了。因此本章中我们主要对初级阶段常常出现的错字进行分析。本章中提到的常用汉字主要来自汉语国际推广领导小组办公室编写的《国际汉语教学通用课程大纲》[①]中的常用汉语800字表和《汉语水平词汇与汉字等级大纲（修订本）》[②]中的800个甲乙级字中出现频率高、构字或构词能力强的字。

初学者在书写汉字时出错的机率很高，差不多每一个汉字都有写错的可能性，我们在这一章中，只对常见的有代表性的书写错误进行梳理，对于不常出现的或不太典型的错误，暂不做分析。如果在教学中遇到，可根据具体情况进行个别处理，包括分析原因、正字解析及纠正等。以下列举了常见错字的错误类型、错误原因及解决对策。同类错误表中举出了一些常见例字，相同的错误只列一次。需要说明的是，这里为了说明方便，把错误类型分开讨论，在实际的教学过程中，常常是一个错字中出现两个甚至两个以上的错误原因。另外，有的时候学生书写的汉字并不是错字，而是别字。我们在此不区分错字与别字，统一以目标字为基准，举例时前一个是正字，后一个是误字。

第① 节 汉字书写的常见错误类型

一、混淆

（一）单个笔画组合与复合笔画混淆

表1：

正字	可	包	表	挂	等	哥	卡	走
误字	叾	包	表	挂	等	哥	卡	走

---

① 国家汉语国际推广领导小组办公室编.国际汉语教学通用课程大纲.北京：外语教学与研究出版社，2008.
② 国家汉语水平考试委员会办公室考试中心制定.汉语水平词汇与汉字等级大纲（修订本）.北京：经济科学出版社，2001.

表2：

正字	出	备	长	专	晚	制	离	击
误字	出	备	长	专	晚	制	离	击

表1中错误出现的原因是把两个笔画写成了一个复合笔画，比如"可"是把"横"和"竖钩"写成了"横折钩"，"包"则是把"横折"和"横"写成了"横折钩"，有些学生把"己"写成"己"，也是出于这样的错误原因。

表2中错误出现的原因与表1相反，是把一个复合笔画拆分成两个笔画，如"出"字是把中间的"竖"拆成了两段，"备"则是把"横撇"写成了"横"和"撇"两个笔画。其他错字的情况也与此相似。

（二）形似笔画混淆

正字	爱	白	学	茶	没	改	千	月	刚
误字	爱	白	学	茶	没	改	于	月	刚

相似的笔画在书写时很容易混淆，比如笔画"短撇"和"横"就很容易混淆，除了"爱"字以外，同样容易写错的字还有"反、币、后、斤、看、乐、毛、千、壬、升、舌、手、罒、重"等部件及由这些部件构成的合体字。同样容易混淆的还有"短撇"和"点"、"竖钩"和"竖"、"横折弯"与"横折弯钩"等等。

"丷"与"ⱽ"是极易混淆的两个常用部件，这两个部件混淆的最主要原因是笔画不同（当然，笔顺也不同，只是从字形本身不易看出）。此处混淆的是"点"和"短竖"这两个近似笔画。

（三）形近部件混淆

表1：

正字	阿	吧	地	写	建	被	财	穿	歌	节	姐	幼	张
误字	阿	吧	地	写	建	被	财	穿	歌	节	姐	幼	张

表2：

正字	冷	猫	待	孩	论
误字	冷	描	侍	该	沦

形近部件的混淆，是汉字书写中最常见的错误之一。汉字中的形近部件很

多，除了我们在例字中列举出来的这些之外，还有许多形近部件，有些是非成字部件，有些是成字部件，都会造成学生的书写错误。

（四）部件与形近独体字混淆

有些独体字与常用字中的某个部件形状相似，学生在书写时如果不仔细辨别，就会出现混淆错误。如"爱"字与"暖"的右边部件"爱"，"东"与"练"的右边部件"东"，"发"与"拔"的右边部件"犮"，出现错误的原因是相同的，都是因为常用字的部件和独体字形近。

（五）形近字混淆

常见形近字列表：

处	船	村	在	刀	典	订	已	动	母
外	般	材	左	力	曲	计	己	劫	每
							巳		

儿	见	免	天	该	个	工	宫	观	广
几	贝	兔	夫	刻	介	土	官	欢	厂
九			夭						

间	错	金	旧	科	困	历	龙	律	乱
问	借	全	旦	料	因	厉	尤	津	刮

买	左	着	住	账	真	士	找
卖	在	看	注	帐	直	土	我
实							

以上列举的常见形近字，由于形体相近，学生在使用中会出现当用甲字却以乙字替代的情况。

（六）同音字混淆

与形近字相同，同音字在书写过程中也常常互相替代。汉语中同音字很多，学生混淆情况比较严重，这里无法一一列出，以下几组为特别常见的易混淆同音字：

近	气	力	工	座	只
进	汽	立	公	坐	支
		利			

二、残缺和误添加

(一) 笔画残缺

正字	成	代	得	忍	第	很	退	系	周	定	贵	后
误字	成	代	得	忍	第	很	退	糸	周	定	贵	石

正字	具	家	检	巴	留	户	酒	候	同	方	广	龙
误字	具	家	检	巳	留	尸	洒	侯	司	万	厂	尤

在汉字书写过程中,学生很容易忽略小笔画,特别是如果以形似常用字来代替当用字,就会很容易丢失小笔画,比如上述例字中,"巴"字中间的"竖"就是一个小笔画,而且由于"巳"这个部件比较常用,学生经常用它来替换"巴"字。同样容易出错的还有用"巳"做部件的汉字。"点"也是一个小笔画,在笔画较多的汉字中,常常被学习者忽略,上表中的前四组字就是如此。

另外,有些形近字和同音字混淆也与书写时的笔画残缺有关,比如将"候"写成"侯"、将"酒"写成"洒"、将"户"写成"尸",进而混淆当用字与误用字。

(二) 笔画误添加

正字	旅	展	纸	就	局	迎	今
误字	旅	展	纸	就	局	迎	令

正字	步	单	懂	找	复
误字	步	单	懂	我	复

笔画误添加的汉字,主要出现原因是常用字的负迁移作用。学生对于常见常用的汉字或部件印象很深刻,在另外一个字中见到与常用字形近的部件时,就很容易用常见汉字或笔画来代替它。比如"展"写成"展"则是受到常用字"衣"的影响;"纸"与"低"的右半边形近,而"低"使用频率更高,更常见,学生用"纸"来取代"纸"也就不奇怪了。

（三）部件残缺

正字	热	意	警	居	族	掌	解	送	假
误字	执	音	敬	启	族	学	斛	迕	俍

三、错位

（一）笔画错位

在初学者眼中，汉字是一个个笔画的组合体，学习初期很容易记错笔画的位置。

正字	办	不	旦	心	旧	哭
误字	劜	不	亘	心	日	哭

（二）部件错位

正字	陪	呆	胡	知	相	够	加
误字	部	杏	胋	唉	眛	夠	叻

相同的部件可能组成不同的汉字，它们的不同就在于部件位置不同，这样就可能造成学生书写汉字时，由于部件位置错误而写错汉字。也可能有的部件经常出现在汉字中的某一个位置，学习者形成思维定式，从而导致部件位置错误。比如上表中的"加"字，由于学习者常常看到"口"在左边的汉字，很容易把位于右边的"口"移位到左边去。

（三）结构异位

正字	多	赶	感	集	楼	落	最
误字	多	赶	感	傣	楼	落	敢

上表中有的字是把上下结构写成左右结构，如"多、落、最"等，有的则是把左右结构写成上下结构，如"楼"字；还有的是把包围结构写成了左右结构，如"赶"字，而把上下结构写成包围结构，如"感"字。

四、形态错误

（一）笔画方向错误

正字	办	半	心	黑	划	课	来	汉
误字	办	牛	心	黑	划	课	朱	汉

学习者不能正确把握笔画的运笔方向，也会导致书写错误。有时候也由于高频字的负迁移作用，比如"半"写成"牛"就是高频字"八"影响的结果。

（二）部件变形

正字	班	到	跟	坏	孔	林	政	站
误字	班	到	跟	坏	孔	林	政	站

独体字做成字部件时，形体常常发生变异，在简化字中，有的部件变异较为明显，比如"金"在汉字左边演变为"钅"，"心"在左边则演变为"忄"，"言"在左边演变为"讠"，这些情况通过教师的说明，学生很容易掌握，也不容易写错；然而有些独体字演变为合体字中的部件只是个别笔画发生变形，比如"土"在合体字的左边演变为"土"，学生如果不仔细分辨，很容易写得不规范。

五、笔画组合方式错误

表1：

正字	巾	更	失	黄	争	件
误字	巾	更	矢	黄	争	仟

表2：

正字	店	分	告	号	喝	画	江	经	桌
误字	店	分	告	号	喝	画	注	经	桌

表3：

正字	八	冒
误字	八	冒

表4：

正字	木	长	插
误字	朩	长	挿

笔画组合有三种方式：相离、相接和相交，有相当一部分形近字都是由笔画组合方式不同来区别的，由于需要对细节的识别认知能力，学生书写时很难区别。这类错字出现频率很高，应该特别注意。

表1中的错误是把相交关系写成了相接关系，表2中是把相接关系写成了相交关系，表3中是把相离关系写成了相接关系，而表4中是把相接关系写成了相离关系。

第 ② 节　针对不同类型错误的解决对策

一、混淆型错误的解决对策

（一）辨析法

笔画混淆、部件混淆、形近字混淆和同音字混淆，都可以采用辨析法进行练习。

1. 笔画辨析

笔画混淆包括复合笔画与单个笔画混淆、形似笔画混淆，可以采用笔画辨析的方法进行针对性训练，具体的练习方法请参见第3章相关内容。

2. 部件和独体字辨析

对于容易混淆的部件（如"犭"和"扌"）以及相似的独体字和构字部件（如"东"和"朿"）可以采用笔画拼部件的方法，也可以反过来把部件拆分成笔画。而对于常用部件，需要进行多次辨析，尤其是对不同之处要多强调、多练习。

3. 整字辨析

形近字和同音字辨析，第4章第3节中也已经做过介绍，在此不再赘述。

（二）数笔画法

对于形似的笔画和部件，还可以用"数笔画法"来进行练习。比如两个单笔画与复合笔画混淆，通过数笔画数就很容易发现，比如"夂"与"攵"这两个部件，一个是三画，一个是四画；再如"专"字，如果学生把"厶"写成两笔，一数笔画就知道了。

二、残缺和误添加型错误的解决对策

（一）笔画残缺

针对这种类型的错误，教师需要提醒学生注意笔画，特别是小笔画。也可以采用辨析法和笔画拼合法来进行练习。注意，对于这一类中的合体字，建议重点练习其中因笔画残缺而导致错误的部件，不必进行整字练习。部件写对了，整字辨析和书写也就没有问题了。

（二）笔画误添加

对于因笔画误添加出现的书写错误，教师可以使用拆分法和拼合法，首先从常用字或常用部件入手进行练习。对于常见的误添加，教师要做到防微杜渐，常常提醒。

（三）部件残缺

对于因部件残缺造成的错误，比较好的练习方法是对合体字进行拆分与拼合。经过反复拆分拼合，学生对这些合体字中的部件熟悉了，书写时就不容易出现残缺了。

三、错位型错误的解决对策

（一）笔画错位

对于笔画书写错位，可以用笔画拼合法来进行独体字或部件的笔画拼合练习。

（二）部件错位

部件书写错位，可以采用部件拼合成整字的方法进行练习。教师可以把常用部件制作成卡片，让学生拼合成不同汉字，并强调一下它们的不同之处，有的部件拼合出来的汉字都存在，例如"口"和"木"这两个部件，可以拼合成"杏"和"呆"这两个汉字；还有"阝"和"音"，可以拼合成"陪"和"部"，教师应及时进行辨析。

（三）结构异位

对于结构异位型错误，需要在教学中强调汉字的结构。教师让学生在书写汉字时，在田字格里首先用较浅的颜色把目标字的结构画出来，然后在里面写汉字。比如写"集"时，先画出"日"，然后在里边分别写上下两个部件，可以避免出现结构异位情况。

四、形态错误的解决对策

（一）笔画方向错误

对于这类错误，需要教师在教授笔画书写时，注意强调笔画的运笔方向。比如"点"这个笔画在书写时有不同方向，有向左的，也有向右的，方向错了，字就错了。

（二）部件变形

比较常见的成字部件笔画变形是"横"变化为"提"，如"王"变化为"𤣩"，"至"变化为"𦥑"，"子"变化为"孑"等等；也有时候是"捺"变化为"提"（如足字旁）、"捺"变化为"点"（如木字旁）。这些都需要教师在教学中特别注意，应当在识记和书写这些常用的成字部件时就进行说明和练习。同时也需要教师对学生严格要求，促使学生养成良好的书写习惯。

五、笔画组合方式错误的解决对策

对于笔画组合方式的辨析是对这一类型错误进行纠正的重点，可以使用"找接点法"。具体方法是让学生在所给汉字中找到两个笔画的相接点，帮助学生识别笔画。

例1：请将下列汉字两个笔画相接的地方圈出来

目　田　几　乃　已

例2：请说出下列汉字中两个相接笔画的名称

是　及　比　了　见　马

参考文献

安子介.解开汉字之谜.香港:瑞福有限公司,1991.
陈　倩.美国华文教育的现状与启示.比较教育研究,2010(3).
崔永华.词汇文字研究与对外汉语教学.北京:北京语言大学出版社,1997.
杜丽荣."系联法"对外汉字教学研究.西南民族大学学报(人文社科版),2004
　　　(7).
费锦昌.现代汉字部件探究.语言文字应用,1996(2).
费锦昌.对外汉字教学的特点、难点及其对策.北京大学学报(哲学社会科学版),
　　　1998(3).
国家汉办/孔子学院总部.国际汉语教学通用课程大纲.北京:外语教学与研究
　　　出版社,2014.
何洪峰.对外汉语教学中的"笔画组合方式辨字"问题.汉语学习,2005(3).
胡文华.汉字与对外汉字教学.上海:学林出版社,2008.
黄伯荣,廖序东.现代汉语(增订三版·上册).北京:高等教育出版社,2002.
黄伟嘉,敖　群.汉字部首例解.北京:商务印书馆,2008.
江　新.针对西方学习者的汉字教学:认写分流、多认少写//对外汉语的全方位
　　　探索.北京:商务印书馆,2006.
江　新.对外汉语教学的心理学探索.北京:教育科学出版社,2007.
江　新.对外汉语字词与阅读学习研究.北京:北京语言大学出版社,2008.
江　新,赵　果.初级阶段外国留学生汉字学习策略的调查研究.语言教学与研究,
　　　2001(4).
柯彼德.汉字文化和汉语教学.第五届国际汉语教学讨论会论文选.北京:北京
　　　大学出版社,1997.
柯彼德.汉语拼音在国际汉语教学中的地位和作用.世界汉语教学,2003(3).
李大遂.从汉语的两个特点谈必须切实重视汉字教学.北京大学学报(哲学社会
　　　科学版),1998(3).
李大遂.关系对外汉字教学全局的几个问题.暨南大学华文学院学报,2008(2).
李大遂.字理据的认识、利用与维护.华文教学与研究,2011(2).

李　明．常用汉字部件分析与对外汉字教学研究．北京语言大学硕士研究生学位论文，2006．

李香平．对外汉字教学中的"新说文解字"评述．语言教学与研究，2006（2）．

李香平．当前留学生汉字教材编写中的问题与对策．汉语学习，2011（1）．

李乐毅．汉字演变五百例．北京：北京语言大学出版社，1992．

李乐毅．汉字演变五百例续编．北京：北京语言大学出版社，2002．

刘靖年，曹文辉．汉字规范部件识字教学法．吉林：吉林大学出版社，2009．

刘　珣．汉语作为第二语言教学简论．北京：北京语言大学出版社，2002．

柳燕梅．从识记因素谈汉字教材的编写原则．汉语学习，2005（5）．

柳燕梅，江　新．欧美学生汉字学习方法的实验研究．世界汉语教学，2003（1）．

吕必松．对外汉语教学概论（讲义）．北京：北京语言大学出版社，1996．

马燕华．论海外周末制中文学校汉字教学的性质、特征及教学原则．暨南大学华文学院学报，2007（2）．

毛　瑾．海外教学中的汉字教法．华文教学通讯，2008（10）．

裘锡圭．文字学概要．北京：商务印书馆，1988．

施正宇．外国留学生形符书写偏误分析．北京大学学报（哲学社会科学版），1999（4）．

施正宇．词·语素·汉字教学初探．世界汉语教学，2008（2）．

施正宇．原原本本说汉字——汉字溯源六百例．北京：北京大学出版社，2009．

石定果，万业馨．关于对外汉字教学的调查报告．世界汉语教学，1998（1）．

苏培成．现代汉字学纲要．北京：北京大学出版社，2001．

万业馨．从汉字研究到汉字教学．世界汉语教学，2004（2）．

万业馨．从汉字研究到汉字教学——认识汉字符号体系过程中的几个问题．世界汉语教学，2007（1）．

万业馨．略论汉字教学的总体设计．语言教学与研究，2009（5）．

王汉卫．精读课框架内相对独立的汉字教学模式初探．语言文字应用，2007（1）．

王　宁．汉字的优化和简化．中国社会科学，1991（1）．

王　宁．汉字学概要．北京：北京师范大学出版社，2001．

王晓钧．美国中文教学的理论与实践．世界汉语教学，2004（1）．

肖奚强．外国学生汉字偏误分析．世界汉语教学，2002（2）．

杨　锐．美国学生短期汉语学习中的汉字教学研究．云南师范大学学报（对外汉语教学与研究版），2005（3）．

姚道中.美国汉语教学的趋势.http://www.hanban.org/article/2010-06/22/content_147862.htm

姚　敏.现代汉字理据研究在对外汉语教学中的应用.语言教学与研究,2011(2).

印京华.美国大学汉字初级阶段教学效率的问题与对策.云南师范大学学报(对外汉语教学与研究版),2003(1).

曾妙芬.推动专业化的AP中文教学——大学二年级中文教学成功模式之探讨与应用.北京：北京语言大学出版社,2007.

张和生.汉语可以这样教：语言要素篇.北京：商务印书馆,2006.

张朋朋.语文分开、集中识字的思路和具体做法//汉语速成教学与研究.北京：华语教学出版社,1991.

张朋朋.词本位教学法和字本位教学法的比较.世界汉语教学,1992(3).

张朋朋.文字论.北京：华语教学出版社,2007.

张旺熹.从汉字部件到汉字结构——谈对外汉字教学.世界汉语教学,1990(2).

张熙昌.论形声字声旁在汉字教学中的作用.语言教学与研究,2007(2).

赵　果,江　新.什么样的汉字学习策略最有效?——对基础阶段留学生的一次调查研究.语言文字应用,2002(2).

周　健.汉字教学理论与方法.北京：北京大学出版社,2007.

周　健.分析字词关系　改进字词教学.语言文字与应用,2010(2).

周健等.汉语教学法研修教程.北京：人民教育出版社,2004.

周有光.《汉字简化方案》的推行成果//现代汉字规范化问题.北京：语文出版社,1995.

朱志平.汉字教学与词汇教学的链接//汉字的认知与教学——西方学者汉字认知国际研讨会论文集.北京：北京语言大学出版社,2007.

Bianco, J. L. & Liu, G. Q.澳大利亚的语言政策与中文教学生态环境.世界汉语教学,2007(3).

Norman, J. *Chinese*. New York: Cambridge University Press, 1988.

附录

附录 1　汉字练习与测试样题

一、笔画练习

（一）笔画配对：请把下面的笔画名称和相应的笔画连接起来

竖 shù	ノ
竖钩 shùgōu	し
横 héng	丶
横钩 hénggōu	一
弯钩 wāngōu	丨
竖弯钩 shùwāngōu	丶
横撇 héngpiě	亅
捺 nà	乛
点 diǎn	𠃍
横折 héngzhé	⼀

参考答案：

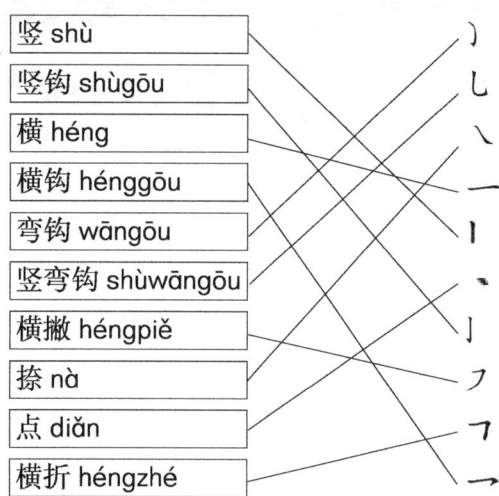

（二）写出1—2个包括以下笔画的常用字

亅：

乚：

𠃌：

丿：

㇏：

㇏：

参考答案：

亅：小　水　打

乚：电　毛　见

𠃌：口　马　书

丿：又　双　多

㇏：狗　家

㇏：我　代　式

（三）画出下面各组汉字（或部件）中不同的笔画，并大声说出笔画名称

毛—手	电—申	干—于	士—土
儿—几	贝—见	千—干	古—占
天—夭	名—各	刀—刁	九—几
才—扌	处—外	夫—天	大—丈
未—末	己—已—巳	田—由—申—甲	人—入—八

参考答案：略

（四）数数下面的汉字分别有多少笔画

1. 国　2. 专　3. 为　4. 复　5. 做　6. 言　7. 身　8. 改　9. 哥　10. 果

11. 候　12. 互　13. 画　14. 出　15. 回　16. 鸟　17. 奶　18. 红　19. 马　20. 巨

参考答案：

1. 8　2. 4　3. 4　4. 9　5. 11　6. 7　7. 7　8. 7　9. 10　10. 8

11. 10　12. 4　13. 8　14. 5　15. 6　16. 5　17. 5　18. 6　19. 3　20. 4

（五）找出下面各组汉字中相同的笔画，把这个笔画用红笔画出来

1. 力 刀 办 习 卫 勺 的 书
2. 毛 电 甩 巴 已 见 七 无
3. 红 去 云 系 参 车 东 么
4. 汉 久 多 条 反 夜 爱 处

参考答案：

1. ㇆ 2. ㇄ 3. ㇀ 4. ㇇

二、整字练习

（一）把下列各图形与汉字连接起来

| 1. 山 |
| 2. 水 |
| 3. 鱼 |
| 4. 竹 |
| 5. 鸟 |
| 6. 马 |
| 7. 飞 |
| 8. 爪 |
| 9. 高 |
| 10. 贝 |
| 11. 雨 |
| 12. 月 |
| 13. 木 |
| 14. 目 |

参考答案：

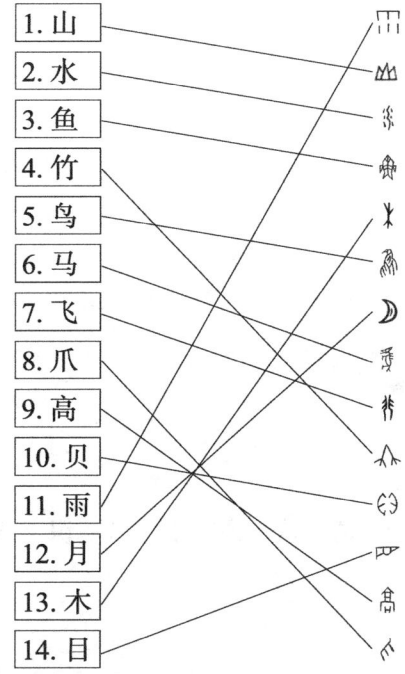

(二)将下列形声字按照不同的形旁归类

1. 过 2. 福 3. 阿 4. 安 5. 随 6. 袜 7. 室 8. 被 9. 边 10. 裤
11. 寄 12. 除 13. 还 14. 家 15. 道 16. 祝 17. 进 18. 陆 19. 宝 20. 际

参考答案：

辶：过 边 还 道 进   礻：福 祝   衤：袜 被 裤

阝：阿 随 除 陆 际   宀：安 室 寄 家 宝

(三)把下列复杂的汉字拆分成简单的汉字（拆分到不能再拆）

1. 杯 2. 格 3. 破 4. 骑 5. 科
6. 精 7. 楼 8. 肥 9. 树 10. 甜
11. 志 12. 愿 13. 脏 14. 姑 15. 婚

参考答案：

1.（木不） 2.（木各） 3.（石皮） 4.（马大可） 5.（禾斗）
6.（米青） 7.（木米女） 8.（月巴） 9.（木又寸） 10.（舌甘／千口甘）
11.（士心） 12.（厂白小心） 13.（月广土） 14.（女十口） 15.（女氏日）

(四）写出带有下列偏旁的汉字（最少2个）

1. 纟 2. 阝 3. 刂 4. 犭 5. 艹
6. 疒 7. 穴 8. 讠 9. 心 10. 足

参考答案：

1. 纟：红 给 级 结 经 绿 绍 练

2. 阝：险 除 阴 阳 随 阿

3. 刂：划 剧 刻 利 刮 别

4. 犭：猪 猫 狗

5. 艹：菜 草 茶 花 苦 英 药 落

6. 疒：疼 病 瘦

7. 穴：穿 空 容 窗

8. 讠：词 订 调 访 计 记 讲 论 请 认 说 谁 试 识 谈 证 许

9. 心：思 想 忘 愿 志

10. 足：跟 路 跑 跳

(五）用下面的两个汉字组成一个汉字

1. 木—寸 2. 土—不 3. 火—页 4. 女—且 5. 足—包 6. 木—对
7. 王—求 8. 木—弟 9. 女—口 10. 原—心 11. 女—生 12. 士—心

参考答案：

1. 村 2. 坏 3. 烦 4. 姐 5. 跑 6. 树 7. 球 8. 梯 9. 如 10. 愿 11. 姓 12. 志

(六）给下面的汉字加上不同的偏旁组成新的汉字（每题最少写出2个）

1. 可 2. 又 3. 交 4. 丁 5. 工
6. 占 7. 且 8. 女 9. 力 10. 方

参考答案：

1. 可—阿 河 何   2. 又—汉 对   3. 交—校 较

4. 丁—打 灯 订   5. 工—江 红 空   6. 占—店 点 站

7. 且—姐 组 祖 租   8. 女—好 她 安 妈 妹 奶 娘

9. 力—加 男 另 边   10. 方—放 防 房 旁

(七)用"逐笔法"写出下面的汉字笔画

例如：画 ｜ ㇒ ㇒ ㇒ ㇒ ㇒ ㇒ ㇒ 画

1. 巴　2. 比　3. 为　4. 是　5. 国

6. 好　7. 出　8. 吃　9. 区　10. 斤

参考答案：略

(八)把下面的汉字增加一笔变成一个新的汉字

1. 人　2. 大　3. 心　4. 厂

5. 一　6. 日　7. 十　8. 了

参考答案：

1. 人—大　　2. 大—天、太　　3. 心—必　　4. 厂—广

5. 一—二　　6. 日—目　　7. 十—土　　8. 了—子

(九)把下面的汉字减去一笔变成一个新的汉字

1. 本　2. 产　3. 白　4. 往

5. 去　6. 公　7. 术　8. 主

参考答案：

1. 本—木　　2. 产—立　　3. 白—日　　4. 往—住

5. 去—云　　6. 公—么　　7. 术—木　　8. 主—王

(十)把下面的汉字按笔画多少顺序排列（从少到多）

挂　才　可　细　基　巴　富　耳　剧　像　儿　每

参考答案：

儿　才　巴　可　耳　每　细　挂　剧　基　富　像

附录 ② 汉字教学参考书目

安子介. 解开汉字之谜. 香港：瑞福有限公司，1991.
崔永华. 词汇文字研究与对外汉语教学，北京：北京语言大学出版社，1997.
胡文华. 汉字与对外汉字教学. 上海：学林出版社，2008.
黄伟嘉，敖 群. 汉字部首例解. 北京：商务印书馆，2008.
李乐毅. 汉字演变五百例（修订版）. 北京：北京语言大学出版社，2013.
李乐毅. 汉字演变五百例续编. 北京：北京语言大学出版社，2002.
施正宇. 原原本本说汉字——汉字溯源六百例. 北京：北京大学出版社，2009.
石定果，罗卫东. 汉字的智慧（英文版）. 北京：北京语言大学出版社，2009.
王 宁. 汉字学概要. 北京：北京师范大学出版社，2001.
[汉] 许慎（著），[清] 段玉裁（注）. 说文解字注. 上海：上海古籍出版社，1988.
张和生. 汉语可以这样教：语言要素篇. 北京：商务印书馆，2006.
张朋朋. 文字论. 北京：华语教学出版社，2007.
周健等. 汉语教学法研修教程. 北京，人民教育出版社，2004.
周 健. 汉字教学理论与方法. 北京：北京大学出版社，2007.

Norman，J. *Chinese*. New York: Cambridge University Press，1988.